생각하라 경험하라 반응하라

9인 九색
청소년에게 말걸기

생각하라 경험하라 반응하라
9인 九색
청소년에게 말걸기

1판 1쇄 발행 | 2008. 11. 7.
1판 18쇄 발행 | 2023. 9. 1.

김용규 박홍규 김동광 정 민 안철수 안철환 이권우 권인숙 김동식 글

발행처 김영사 | **발행인** 고세규
등록번호 제 406-2003-036호
등록일자 1979. 5. 17.
주소 경기도 파주시 문발로 197(우10881)
전화 마케팅부 031-955-3100 | **편집부** 031-955-3113~20 | **팩스** 031-955-3111

값은 표지에 있습니다.
ISBN 978-89-349-3230-7 43040

좋은 독자가 좋은 책을 만듭니다. 김영사는 독자 여러분의 의견에 항상 귀 기울이고 있습니다.
전자우편 book@gimmyoung.com | 홈페이지 www.gimmyoungjr.com

어린이제품 안전특별법에 의한 표시사항

제품명 도서 **제조년월일** 2023년 9월 1일 **제조사명** 김영사 **주소** 10881 경기도 파주시 문발로 197
전화번호 031-955-3100 **제조국명** 대한민국 ⚠**주의** 책 모서리에 찍히거나 책장에 베이지 않게 조심하세요.

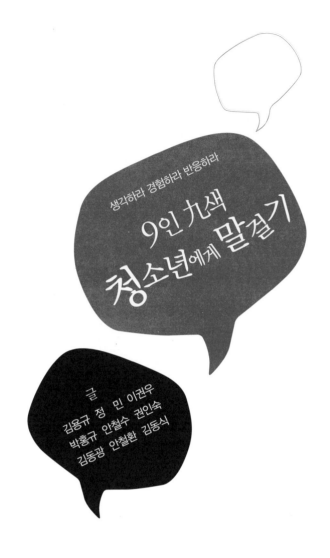

생각하라 경험하라 반응하라

9인 九색
청소년에게 말걸기

글
김용규 정 민 이권우
박홍규 안철수 권인숙
김동광 안철환 김동식

주니어김영사

세대를 가로질러 세상과 소통하기

우리 시대, 청소년들이 '사표師表'로 삼을 만한 스승이나 선배가 얼마나 될까? 먼저 학창시절을 겪었던 인생의 선배로서 현재의 청소년들에게 삶의 지표로 삼을 만한 충고나 조언을 너무 아끼고 있는 것은 아닐까? 혹은 설령 그런 의도가 있다 하더라도 소통의 통로나 매개체가 너무 한정되어 있는 건 아닐까? 이 책은 이런 문제의식에서 기획되었다.

늘 반복되는 이야기지만 현재 대한민국에 살고 있는 청소년의 삶은 녹록하지가 않다. 문제점을 알고는 있으나 고쳐지지 않는 대입 중심의 교육제도는 한창 감성과 정신을 살찌워야 하는 청소년기의 삶을 시시포스의 형벌처럼 옥죈다. 주체적 인간으로서 가치관을 세우고 지혜를 쌓는 것보다는 지식의 양 늘리기에 급급한 것이 현실이다. 이를 반영하듯이 서점의 청소년 코너에서는 학습과 논술 이외에 읽을 만한 도서를 찾아보기 힘들다.

청소년은 누군가에 의해 만들어지고 다듬어지는 것이 아닌, 그들 스스로가 만들어 나가는 그들 자신일 뿐이다. 존엄성과 주인의식을 가지고 그들의 얼굴을, 인생을 만들어 가는 것이다. 그렇다면 청소년기에는 무엇을 꿈꾸어야 할까? 무엇에 분노해야 할까? 무엇을 반대해야 하며 무엇을 옹호해야 할까?

여기 아홉 명의 선배(혹은 스승)들이 있다. 그들의 삶은 각각 다르다. 각기 다른 분야에 종사하고 이야기하는 내용도 각기 다르다. 하지만 각각의 이야기는 '어떻게 살아야 할까에 대한 나름의 대답'이라는 하나로 향한다. 또한 각각의 이야기에는 선배들이 살아온 인생 역정과 연륜이 담겨 있기도 하다.

그렇다고 이 대답이 유일무이한 정답일 리 없다. 세상에는 다양한 가치와 생각, 관점들이 존재하니까. 그야말로 9인 9색, 100인 100색, 10000인 10000색이다. 중요한 건 다름에 있지 않다. 우선 청소년기를 먼저 겪고 각자의 분야에서 치열하게 살고 있다고 공인된 선배들이 어떤 가치관과 철학으로 살아가고 있는지 들어 보자. 그 다음에 취할 건 취하고 버릴 건 버리면 그뿐이다. 각자 스스로 세상의 중심에 서서 당당하게 자신의 삶을 펼쳐 가면 될 일이다.

인생을 살면서 좋은 스승이나 선배를 만나는 게 얼마나 어렵고 귀한 일이겠는가. 수십 년의 경험과 사유를 통해 얻은 지혜를 단숨에 배울 수 있기도 하고, 그들이 미리 경험한 시행착오를 피해 갈 수도 있으니 말이다. 모쪼록 아홉 명의 선배가 어렵게 시도하는 '말걸기'에 다양한 스펙트럼으로, 적극적으로 반응해 줄 청소년이 많기를 조심스레 기대해 본다.

책을 펴내며
주니어김영사 편집부

차례

세상을 살아가는 데는 지식뿐만 아니라 지혜도 필요하다.

우리가 마주 대하고 행동하는 것들에 대해

그것이 무엇인지도 알아야 하지만 그것의 의미와 가치도 함께 알아야 한다.

철학으로 말걸기

지식보다 지혜가
소중한 이유

김용규

독일 프라이부르크 대학과 튀빙겐 대학에서 철학과 신학을 공부했다. 어려운 철학을 맛있게
요리한 《철학통조림》 시리즈와 청소년 지식 소설인 《알도와 떠도는 사원》 《다니》를 썼고, 영
화를 철학과 신학으로 해석한 《영화관 옆 철학카페》 등을 펴냈다.

1_

옛날 어느 먼 나라에 꽃을 아주 좋아하는 임금이 있었다. 임금은 궁궐 안에 많은 화단을 만들고 수천 가지 진귀한 꽃들을 구해 심었다. 매일 물을 주고 정성껏 가꾸었다. 그런데 어느 날 임금이 멀리 여행을 떠나게 되었다. 임금은 꽃들이 무척 걱정되었다. 그래서 신하들 가운데 가장 충직하고 성실한 사람을 골라 각각의 꽃들에게 물을 주는 여러 가지 까다로운 방법들을 일일이 가르쳐 주었다. 그리고 매일같이 물을 주고 자식처럼 잘 돌보라고 명령하고 여행을 떠났다.

충직한 신하는 임금이 가르쳐 준 방법대로 하루도 빠짐없이 꽃들에게 물을 주고 갖은 정성으로 돌보았다. 그런데 이 나라에 우기가 되어 날마다 비가 내리기 시작했다. 그래도 충직한 신하는 매일같이 화단에 나가 비를 맞으며 정성껏 물을 주었다. 어느 날 마침내 임금이 긴 여행에서 돌아왔다. 임금은 화단을 보고 깜짝 놀랐다. 귀한 꽃들이 모두 뿌리가 썩어 죽어가고 있었기 때문이다. 임금은 크게 노하여 그 신하를 엄하게 벌하고 궁에서 내쫓았다.

2_

노르웨이 작가 헨리크 입센의 작품들 가운데 〈페르 귄트〉라는 극시가 있다. 같은 나라 작곡자인 에드바드 그리그의 아름다운 모음곡으로 더욱 널려진 작품이다.

페르 귄트는 몰락한 귀족 가문에서 태어나 홀어머니 밑에서 자라난 게으름뱅이 공상가이자 쾌락을 좇는 모험가이다. 그는 오직 자신의 욕망과 쾌락만을 위해 산속 마왕의 딸과 결탁하여 세계여행을 떠난다. 집안을 다시 일으키길 바라는 어머니 오제의 소원과 그를 진정으로 사랑하는 약혼녀 솔베이지의 간절한 만류를 모두 저버리고 떠난다. 그런 자기 자신에 대해서 "귄트의 자아여, 욕망과 욕구의 덩어리여! 공상과 요구와 열망의 바다로다!"라고 자화자찬도 한다.

페르 귄트는 미국과 아프리카를 여행하며 여러 여인을 사귀었다가 버리고 또 많은 재산을 모았다가 잃는다. 그런 가운데 온갖 고생을 다 하다가 마침내 고향이 그리워 귀국길에 오른다. 하지만 배가 난파하여 남은 재산마저 모두 잃고 빈털터리로 고향에 돌아온다. 그리고 평생 동안 그만을 사랑하며 기다리던 여인 솔베이지의 무릎을 베고 욕망과 쾌락만을 좇아 살던 자신의 삶을 후회하면서 죽는다.

3_

스티븐 코비라는 사람이 있다. 세계적인 경영 컨설턴트로서 사

람들에게 성공하는 방법을 가르쳐 주는 전문가이다. 우리나라에
도 잘 알려진 《성공하는 사람들의 7가지 습관》이라는 베스트셀러
의 저자이기도 하다.

코비는 젊어서부터 수십 년 동안 사람들에게 성공하는 비결을
가르쳐 왔다. 그것은 주로 시간을 잘 사용하여 같은 시간 동안 남
보다 더 높은 성과를 얻어 내는 다양한 기술이었다. 예를 들어, 당
신이 만일 성공을 원한다면 혼자서 점심을 먹지 말라고 가르친다.
성공에 도움이 될 만한 사람을 만나 점심을 함께 하라는 것이다.
젊어서 그의 강연을 듣고 그대로 실천한 사람들은 대부분 정말로
큰 성공을 했다. 이름만 대면 누구나 알 수 있는 세계적인 기업의
회장이나 부회장도 있다고 한다.

그런데 그 가운데 한 사람이 어느 날 다시 코비를 찾아와 자신
의 새로운 고민을 털어놓았다. 그는 지난 20여 년 동안 코비가 가
르쳐 준 대로 밤낮을 가리지 않고 열심히 일해서 성공했다고 말했
다. 하지만 문제는 전혀 행복하지 않다
는 것이었다. 그가 그동안 열심히
일을 한 것은 가족들과 행복하게
살기 위해서였는데 아내는 이혼을
요구하고 아이들은 마약에 빠졌다
는 것이다. 오랜 세월 동안 일에만 매달
려 정작 가족과는 한 번도 변변히 식사를 못했을
정도로 가족을 돌보지 않았던 탓이다.

그래도 로또에 당첨되면
행복해질 것 같은
이 기분은 뭐지?

그래서 코비는 새로운 책을 쓰기로 결심하고 《소중한 것을 먼저 하라》를 썼다. 그 책에서 그는 이 사람을 '위만 바라보고 있는 힘을 다해 사다리를 올라갔는데 다 올라가 보니 자기가 올라가려던 지붕이 아닌 것을 알고 울고 있는 것'으로 묘사했다.

4_

이 세 가지 이야기로 시작하자. 이미 알고 있는 이야기도 있고 그렇지 않은 것도 있겠지만, 이 이야기들에 나오는 세 사람에게는 한 가지 공통점이 있다. 그것이 무엇일까? 지혜가 없다는 것이다. 지혜가 없다는 것은 지식이 없다는 것과는 다르다.

우선 첫 번째 이야기에 나오는 신하부터 보자. 이 신하의 잘못은 어디에서 온 것일까? 그는 수천 가지 다른 종류의 꽃들에게 물을 주는 까다로운 방법들을 모두 알고 있었다. 그리고 날마다 화단으로 나가 그 방법에 따라 물을 주었다. 지식이 있었다는 뜻이다. 하지만 신하는 자기가 하는 행위가 지닌 의미와 가치가 무엇인지를 이해하지 못했다. 그래서 비가 오는 날에도 화단에 물을 주었던 것이다. 지혜가 없었던 것이다.

페르 귄트의 경우도 전혀 다르지 않다. 그는 평생을 육체적 욕망과 쾌락을 즐기며 오직 자기 자신만을 위해 바쳤다. 하지만 그는 인간이 자기 자신을 진정으로 위하는 일이 무엇인지 알지 못했다. 삶의 의미와 가치가 어디에 있는지를 몰랐다는 것이다. 때문에 페르 귄트는 그가 그토록 위하려던 자신의 삶을 오히려 망치고 후회

속에서 죽어 갔다. 역시 지혜가 없었던 것이다.

세 번째 이야기에 나오는 사람도 똑같다. 그는 어떻게 하면 성공을 하는지는 정확하게 알았다. 허나 성공이란 그 자체가 목적이 아니라 행복에 이르는 수단에 불과하다는 것을 몰랐다. 성공의 진정한 의미와 가치를 이해하지 못했다는 뜻이다. 그래서 불행할 수밖에 없었다. 마찬가지로 지혜가 없었던 것이다.

그렇다면 이 세 가지 이야기가 주는 교훈은 무엇일까? 그것은 우리가 세상을 살아가는 데는 지식뿐만 아니라 지혜도 필요하다는 것이다. 다시 말해 우리는 우리가 마주 대하고 행동하는 모든 것들에 대해 그것이 무엇인지도 알아야 하지만 동시에 그것의 의미와 가치도 함께 알아야 한다는 것이다.

5_

사람들은 어떤 것이 무엇인지를 연구하는 학문을 보통 과학이라고 한다. 자연이 무엇인지에 대한 연구를 자연과학이라 하고, 사회가 무엇인지에 대한 연구를 사회과학이라고 한다. 그리고 그 결과를 지식이라고 한다. 자연과학 지식 또는 사회과학 지식이라는 말이 여기에서 나왔다. 그런데 어떤 것이 무엇인지가 아니라 그것의 의미와 가치를 연구하는 학문을 철학이라 한다. 예를 들어 인간이 죽는다는 현상이 무엇인지를 알아내는 것은 과학이다. 그러나 그 죽음의 의미와 가치를 알아내는 것은 철학이다. 그래서 철학은 지식이라고도 하지만 또 지혜라고 한다. '철학'이라는 말이 본래

'지혜에 대한 사랑'을 뜻하는 그리스어 '필로소피아'에서 나온 것이 그래서이다.

그렇다면 위에 나온 세 가지 이야기에는 과학뿐만 아니라 철학이 우리에게 왜 필요한지를 알려 주는 훌륭한 교훈이 들어 있다고 할 수 있다. 이야기에 나온 세 사람에게 자기가 하는 행위의 의미와 가치를 아는 지혜, 곧 철학이 있었다면 그 같은 어리석은 일들을 저지르지 않았을 것이다. 이야기니까 그렇지 실제로 그런 바보 같은 사람들이 어디 있느냐고 의문을 던질 수도 있다. 글쎄, 그런데 사실은 그런 사람들이 정말 많다고 한다. 아니 따져 보면 거의 대부분의 사람들이 그렇다고 한다. 무슨 엉뚱한 소리냐고? 하나씩 살펴보자.

6_

오늘날 많은 사회학자, 심리학자, 정치학자 그리고 윤리학자들은 "왜 우리는 더 부유해졌는데 행복하지 않을까?"를 알아내려고 애를 쓰고 있다. 미국이나 유럽연합 같은 선진국에서 실시한 여론 조사를 보면, 대다수의 사람들이 자신들은 그들의 부모 세대보다 훨씬 더 못한 삶을 살고 있다고 생각한다. 하지만 그런 생각은 경제적인 측면에서만 보면 사실과 매우 다르다.

예를 들어 미국인의 경우 1950년대 이후 실질소득이 두 배 이상 증가했다. 그 결과 1950년대에는 미국 대부분의 가정에 자동차가 없었지만 1980년대에는 가정마다 한 대나 두 대씩 자동차를 갖기 시작했다. 그런데 오늘날에는 미국 가정의 3분의 1이 세 대가 넘는 자동차를 보유하고 있다. 1950년대와 비교해 1980년대에는 다섯 배나 많은 에어컨과, 네 배나 많은 의류 건조기 그리고 일곱 배나 많은 식기 세척기를 가졌고, 1960년만 해도 전 국민의 1%만이 갖고 있었던 컬러TV를 1987년에는 93%가 가졌으며 오늘날에는 모든 가정에 두 대 이상의 컬러TV가 있다고 한다.

이처럼 물질적 풍요와 편리함이 분명히 증가했는데도 사람들은 풍요롭다거나 행복하기는커녕 참기 힘든 스트레스에 시달리며 이전보다 더 불행해졌다고 느낀다고 한다. 인구 성장을 감안해도, 원인 모를 우울함에 시달리는 환자가 열 배나 더 많아졌다고 한다. 왜 그럴까?

오늘날 우리 사회에서도 똑같이 일어나고 있는 이런 기이한 현상에 대한 학자들의 연구 결과는 이렇다. 오랫동안 사람들은 부유해지면 행복해질 것이라고 굳게 믿어 왔다. 그래서 밤낮으로 있는 힘을 다해 일을 하고 돈을 모아 놀랄 만한 물질적 풍요를 이루었다. 그런데 알고 보니 '놀랍게도' 행복은 물질적 풍요와는 전혀 관계가 없더라는 것이다.

예를 들어 독일 사람들과 나이지리아 사람들, 일본 사람들과 필리핀 사람들을 대상으로 한 여론조사를 비교해 보면 두 나라 간의 부의 차이가 엄청난데도 자신들이 얼마나 행복한지에 대한 평가에는 별 차이가 없다고 한다. 심지어는 국민소득이 1400달러밖에 되지 않는 부탄의 행복지수가 세계에서 제일 높은 것으로 나타났다.

이유는 행복이란 물질적 풍요보다는 오히려 정서적 또는 정신적인 풍요에서 오는 감정이기 때문이다.

그렇다면 스트레스와 우울증에 시달리면서 "왜 우리는 더 부유해졌는데 행복하지 않을까?"라고 묻는 우리들이야말로 위만 바라보고 있는 힘을 다해 사다리를 올라갔는데 다 올라가 보니 자기가 올라가려던 지붕이 아닌 것을 알고 울고 있는 것과 같지 않을까?

7_

에스키모인들은 늑대를 잡기 위해서 날카롭게 날이 선 칼에 동물 피를 조금 묻혀서 눈밭에다가 거꾸로 박아 놓는다고 한다. 그러면 피 냄새를 맡고 늑대가 다가온다. 늑대는 처음에는 칼날에 묻은 피를 핥는다. 그런데 일단 피를 핥으면 날카로운 칼날에 혀를 베여 칼날에는 자신의 피가 줄줄 흘러내리게 된다. 그런데도 이미 피 맛을 본 늑대는 멈추지 못하고 계속해서 칼날을 핥다가 결국 피를 많이 흘려 죽는다고 한다.

이 섬뜩하면서도 답답한 〈늑대의 칼날 핥기〉 이야기는 한번 빠지면 벗어나기 어려운 욕망과 쾌락의 중독성을 경고할 때 자주 사용된다. 위에서 이야기한 페르 귄트의 삶이 바로 '늑대의 칼날 핥기' 같았다. 그런데 오늘날 우리들의 삶 역시 그렇다고 하면 믿겠는가? 설마라고? 그런데 사실이다.

주목해야 할 것은 현대인들이 몰두하고 있는 '늑대의 칼날 핥기'는 의식주와 같은 일상생활에서의 과소비와 사치를 통해서 행해지고 있다는 것이다. 페르 귄트와 같은 특별한 사람이 아니라 일반 사람들이, 그리고 모험을 통해서가 아니라 일상생활에서 과소비와 사치에 빠져 삶을 망쳐 버리고 있다는 뜻이다. 그만큼 개인적·사회적 피해가 폭넓고 심각한 것은 당연한 일이다.

최근 우리 사회에서 찾아볼 수 있는 대표적인 예가 '명품 열풍' 이다. 명품을 사기 위해 갚지 못할 빚을 지거나 범죄까지 저지르는 사람들의 이야기가 끊임없이 들린다. 놀라운 것은 그들 가운데 젊은이들의 비율이 50%가 넘는다는 사실이다. 얼마 전에는 백화점과 친구 집에서 유명 브랜드 상품들을 훔치다 경찰에 체포된 명문대 남학생과 명품을 구입하기 위해 건강의 위험을 무릅쓰고 상습적으로 난자를 판 여대생에 대한 충격적인 보도까지 있었다. 이것은 진정으로 자기 자신을 위하는 일이 무엇인지 모르는 젊은이들의 모습과 과소비와 사치에 병든 우리 사회의 단면을 동시에 보여 준다.

물론 이런 현상이 비단 우리 사회의 문제만은 아니다. 미국의 경우도 마찬가지이다. 1986년 미국에는 고등학교의 숫자가 쇼핑센터의 숫자보다 많았다고 한다. 하지만 불과 15년 후에는 쇼핑센터의 숫자가 고등학교 숫자의 두 배를 넘었고 그 이후에도 더욱 폭발적으로 늘고 있다고 한다. 이제 쇼핑은 현대인들의 일상생활이자 온 가족이 즐기는 오락 생활이 되어 버렸다. 미국의 10대 소녀들 중 93%가 가장 좋아하는 활동으로 쇼핑을 꼽았다고 한다. 다른 사람을 돕는 것을 택한 소녀들은 5%에 불과했다.

1960년대에는 미국 대학생의 3분의 2가 인생에서 가장 중요한 일로 '삶을 의미 있게 하는 철학을 개발하는 것'을 꼽고 '돈을 버는 것'을 선택한 학생은 3분의 1이 채 되지 않았다. 하지만 최근 워싱턴 대학의 한 조사에 따르면 대학생의 42%가 가장 관심 있는 것으로 '외모와 머릿결'을 꼽고 고작 6%만이 '세상을 배우는 것'이라고 답했다고 한다.

심각한 것은 그런 가운데 젊은이들의 우울증은 1960년대의 일곱 배에 달하고 자살률은 세 배에 이른다는 사실이다. 이것은 서울 삼성동이나 동대문 운동장 주변의 쇼핑몰이 밤낮을 가리지 않고 청소년들로 붐비는 것, 우리나라의 청소년 자살률이 세계에서 선두를 달리고 있는 것과 같은 현상이다. 물질에 대한 욕구는 '늑대의 칼날 핥기'처럼 하면 할수록 점점 더 빠져드는 중독성이 있는 데다 우리의 삶과 정신을 갈수록 황폐하게 만들기 때문에 나타나는 현상이다.

그렇다면 진정으로 자신을 위하는 것이 무엇인지를 몰라 욕망과 쾌락만을 좇다가 삶을 망치고 후회 속에 죽어 간 페르 귄트와 오늘날 우리들이 과연 얼마나 다를까?

8_

일종의 정신병적인 현상이라 할 수 있는 과소비와 사치중독증은 이미 현대 사회의 특징으로 자리 잡았다. 특별한 부유층들만 누리던 과소비와 사치가 이제 '누구나 누릴 수 있는 것'을 넘어 이제는 '누구나 누려야만 하는 것'이 되어 버렸다. 이미 우리는 자기가 가진 소유물로 자신의 존재와 가치를 증명하는 데에 익숙해 있다. 즉 비싸고 진귀한 물건을 남보다 더 많이 갖고 있는 것이 살맛이 나며 사회적 위치를 높여 준다고 느끼는 것이다.

하지만 이러한 경우 '내가 가진 것'이 곧 나의 존재와 가치를 드러내려는 것이므로, 내 삶의 중심은 이미 '내 자신'이 아니라 '내가 가진 것'이 된다. 그럼으로써 자기 자신은 한갓 의미 없고 가치 없는 가련한 존재가 되어 버린다. 내가 가진 그것들은 파괴될 수도 있고 잃어버릴 수도 있으며 그 가치가 떨어지거나 없어질 수도 있다. 때문에 현대인은 많이 소유하고 있으면 있을수록 스스로는 더 가련해지고 불안해지며 오히려 새로운 소비와 사치에 집착하는 악순환에 빠진다. 더욱 놀라운 것은 오늘날에는 사회가 우리도 모르게 이러한 모든 일들을 끈질기게 강요하고 있다는 것이다. 무슨 소리냐고? 그 내막은 이렇다.

20세기 전반까지 지속된 초기 자본주의 시대에는 사회가 도로, 철도, 항만, 통신 등 기간 시설들을 만들고 상품 제조를 위한 기계와 공장 등 생산 시설을 구성하는 데에 온 힘을 쏟아야 했다. 그래서 사람들에게는 성실, 근면, 절제, 시간 엄수와 같은 노동 윤리를 가르쳤다. 그러나 20세기 후반으로 들어서면서 사정이 달라졌다. 생산 시설이 완비되고 과학 기술이 눈부시게 발전하자, 대량으로 쏟아져 나오는 생산품들을 소비하지 않으면 경제를 더 이상 유지할 수 없게 된 것이다. 그래서 사회는 삶의 질을 높인다는 이름 아래 소비와 사치를 권장하기 시작했다.

이를 위해 동원된 수단이 대중 매체와 대중문화인데, 그중에서도 가장 뛰어난 도구가 유행과 광고이다. 생산자들이 계속해서 돈을 벌려면 소비자들이 아직 사용할 수 있는 물건들을 두고 새 상품을 사도록 만들어야만 하는데, 유행과 광고가 바로 그 역할을 훌륭하게 해내기 때문이다. 유행과 광고는 사람들의 거짓된 욕망을 끊임없이 만들어 내고 이 욕망을 즉시 만족시켜 주지 않으면 한없이 비참하거나 불행하다는 생각을 갖게끔 지속적으로 자극한다. 소위 후기 자본주의 사회가 온 것이다.

그 부작용과 피해는 당연히 감수성이 예민한 청소년이나 젊은 이들에게 강렬하게 나타나게 마련이다. 예를 들어 이미 휴대폰을 갖고 있으면서도 새로 나온 휴대폰을 사기 위해 아르바이트를 하는 학생은, 사실인즉 자신도 모르는 사이에 후기 자본주의 사회에 의해 조종되고 있는 것이다. 그런 가운데 점차 자신의 진정한 삶을 잃어가고 있는 것이다.

9_

근대 산업 문명은 인류에게 위대한 약속들을 던져 주었다. 물질적 풍요, 개인의 자유와 행복, 부와 기회의 평등 등이었다. 인류는 산업 문명 속에서 수천 년에 걸쳐 변함없이 지속되어 오던 가난, 부자유, 불평등 등 여러 가지 비참한 상황들을 끝낼 수 있다는 희망을 처음으로 보았다. 뿐만 아니라 과학기술이 우리를 전지전능하게 하여 무한 생산, 무한 소비 그리고 무한 행복의 길로 나아가게 할 것이라는 것을 확신하게 되었다.

이러한 희망과 믿음이 사람들에게 정력과 활력을 불어넣었다. 그 결과 인류는 실제로 놀랄 만한 물질적 풍요와 사회 발전을 이루어냈다. 그런데 웬일인가? 그런데도 오늘날 우리들의 삶에 대한 비판과 반성은 매우 다양하고도 심각하다. 그 이유는 다음과 같다.

사람들은 이제 욕망을 채우는 것만이 행복에 이르는 길이 아니라는 사실을 차츰 알게 되었다. 우리는 쾌락적이지만 불행하다는 경험 때문이다. 부자가 되었지만 동시에 노예가 되었다는 생각도 널리 퍼졌다. 우리의 욕망과 취미 그리고 사고까지도 정치와 산업이 지배하는 대중문화와 대중 매체에 의해 조작되고 있다는 자각도 차츰 생겨났다.

물질적 풍요는 분명 하나의 가치이지만 그 밖에도 잃어버려서는 안 될 많은 다른 가치들이 있다는 생각도 갖게 되었다. 너무나 황폐한 삶을 살아간다는 느낌 때문이다. 무한 경쟁의 사회에서는 인간성이 존재할 수 없고, 인간과 인간 간의 유대는 기껏해야 집단 이기주의로 변질될 수밖에 없다는 것도 드러났다. 자연은 더 이상 무한한 경제 성장을 견딜 수 없다는 것이 지구 온난화에 의한 각종 재난을 통해 이미 밝혀졌다. 파괴된 자연 속에서는 건강한 삶을 누릴 수 없다는 사실은 무엇보다도 안심하고 먹을 수 있는 식품조차 없다는 데서 체험하고 있다.

뿐만 아니라 경제적 발전은 여전히 풍요한 나라와 부유한 국민에게 한정됨으로써, 부유한 사람들과 가난한 사람들 사이의 간격이 한층 더 넓어졌다는 사실은 누구나 알고 있다. 따라서 전체적 부가 증대하고 있는데도 사회는 더욱 불안해졌다는 것, 극단적인 개인범죄의 증가뿐만 아니라 생화학 무기나 핵무기 같은 대량 살상 무기에 의한 무서운 테러의 위험이 높아진 것도 이미 잘 알려진 사실이다.

정보 기술, 생명 공학 기술 같은 과학 기술의 진보가 보다 나은 삶을 약속하고 있지만 그로 인한 문화의 하향 평준화, 인간 존엄성의 파괴 그리고 전체주의의 위험이 오히려 커지고 있다는 것도 상식이 되었다. '운명의 시계'가 점점 더 앞당겨지고 있다는 것은 비밀이 아니다. 그래서 문명 전반에 걸친 대전환만이 인류에게 남은 유일한 살길이라는 경고도 이제 나올 만큼 나왔다.

문제는 그런데도 우리들은 조금도 변함없이 무한한 욕망과 쾌락, 무절제한 소비와 사치에 몰두하고 있다는 사실이다. 그럼으로써 우리 자신은 물론이고 사회와 자연까지 회복할 수 없을 정도로 파괴해 가고 있다. 그렇다면 비가 오는 날에도 화단에 물을 주어 꽃들을 모두 죽게 만든 신하와 우리가 과연 얼마나 다를까?

10_

이제 정리해 보자. 지금까지 우리는 우리가 대하고 행동하는 모든 것들에 대해 그것이 무엇인지도 알아야 하지만 동시에 그것의 의미와 가치도 함께 알아야 한다는 것을 이야기했다. 우리에게 왜 지식뿐만 아니라 지혜도 필요한지, 왜 과학뿐 아니라 철학도 필요한지에 대해 알아보았다.

그것은 우리가 화단에 물을 주라고 하면 비가 오는 날에도 물을 주는 어리석은 신하가 되지 않기 위해서이고, 진정으로 자기를 위하는 것이 무엇인지 몰라 자기를 위하려다 오히려 자기를 망친 페르 귄트가 되지 않기 위해서이며, 있는 힘을 다해 사다리를 다 올라가 보니 자기가 올라가려던 지붕이 아니어서 우는 사람이 되지 않기 위해서였다. 그럼으로써 무엇보다도 여러분들 하나하나가 자신의 삶을 의미 있고 가치 있게 만들어 갈 수 있게 하기 위해서였다.

뿐만 아니라 그것은 우리 사회와 세계의 미래를 위해서이기도 했다. 왜냐하면 우리가 맞아야 할 모든 미래가 여러분들에게 달려 있기 때문이다. 전쟁과 테러를 끝내고, 핵무기와 생화학 무기를 없애며, 굶주림이나 질병 같은 인간적 고통을 줄이고, 생명 공학 같은 첨단 과학 기술들이 가져 올 위험을 사전에 방지하며, 사회적 약자를 향한 각종 폭력을 뿌리 뽑고, 지진과 해일 같은 자연 재해의 피해를 예방하며, 자연 환경을 보호하여 인간을 포함한 각종 생물의 삶의 조건을 나아지게 하는 이 모든 중요한 일 앞에 지금 여러분들이 서 있다. 그리고 여러분들의 선택과 노력에 따라 인류와 자연의 미래가 결정될 것이다. 바로 이것이 여러분들에게 철학이 필요한 이유이다.

human rights라고 하면
단순한 '인간의 권리'가 아니라
'인간이면 누구나 가진
가장 기본적인 권리'를 뜻한다고 보아야 한다.
즉 인권이란 '인간의 권리' 중에서도
가장 기본적인 권리를 뜻한다.

인권으로 말걸기
다시 생각하는
인권의 의미

박홍규

영남대학교와 일본 오사카 시립대학, 미국 하버드대학교, 영국 노팅엄대학교, 독일 프랑크푸르트대학교에서 법학을 공부했다. 인문학과 예술학에도 관심이 많아 《윌리엄 모리스의 생애와 사상》《내 친구 빈센트》《야만의 시대를 그린 화가, 고야》 등 왕성한 저술 활동을 하고 있다.

급식 사고, 체벌, 인권

최근 학교 급식으로 인한 식중독 사고가 자주 발생하고 있다. 하지만 제대로 개선되지 않은 채 계속 발생하는 이유 중 하나는, 이를 아이들의 '인권'을 침해한 것으로 심각하게 다루지 않기 때문이다. 사실 인간의 기본 생활이라고 하는 의식주 중에서도 가장 중요한 것은 생명을 유지하기 위한 먹는 문제일 것이다. 흔히 '먹기 위해 산다'고 할 정도로 중요한 이 문제가 왜 우리 사회에서는 이토록 소홀하게 다루어지고 있는 것일까?

교육에 있어서 모두가 전문가라 할 정도로 교육열이 높은 우리나라의 교육 현장에서 이런 기본적인 인권 문제조차 제대로 해결하지 못하고 있다는 것은 아이러니한 상황이 아닐 수 없다. 가정에서는 아이들에게 가장 맛있고 영양이 풍부한 것을 먹이려고 끝없이 노력하면서도 학교에서는 왜 그런 식중독 사고가 발생하도록 방치하는 것일까? 또 사고가 터질 때마다 각종 책임론이 다 나오고, 별별 방안이 다 강구되면서도 사고가 끝없이 이어지는 이유는 무엇일까?

나는 그럴 때마다 10년도 훨씬 더 지난 옛날 미국 생활을 회상

한다. 집사람은 초등학교 아이들의 급식을 위해 매주 한 번씩 학교에서 자원 봉사를 했다. 그 학교의 급식은 학부모들의 자원 봉사로 이루어졌기 때문에 그만큼 안전할 수 있었다. 미국이나 독일은 물론 우리와 여러모로 가까운 일본에서 경험한 학교생활도 부모가 함께 책임을 지는 형태였다. 그러면서도 우리보다는 훨씬 자유롭고 평등했다. 우리 학교에서 왕왕 문제되는 체벌은 아예 존재하지도 않는다.

2006년 9월 말, 어느 지역 전교조 교사들을 만나 인권에 대한 이야기를 나누면서 체벌은 아이들의 '인권'을 침해하는 것이니 금지되어야 한다고 말한 적이 있다. 그러자 교사 한 분이 최근 학교의 불량 학생 지도 실태를 심각하게 소개하면서 아이들의 인권을 이유로 교사의 교권이 침해당하고 있고 그 결과 교육이 되지 않는다고 했다.

나도 그런 교육 현실은 안타깝다. 하지만 아이들이 체벌을 당하는 것은 아이들의 '인권'과 관련된 것이다. 부모나 교사가 아이들에게 체벌을 가하는 것은 어른들의 '인권'과는 무관하다. 또 교사의 교권이라는 것이 있다고 하더라도 아이들의 인권이 더욱 우월한 것이기 때문에 교권에 의해 인권을 부정할 수는 없는 것이다. 따라서 나는 교사가 체벌이 아닌 다른 방법을 사용하여 아이들을 교육해야 한다고 주장했다. 그러나 그 교사는 나의 설명에 결코 만족하지 않았다.

학교와 교사에게는 교육상 필요한 경우 징계를 할 수 있는 권리가 있다. 그러나 그 방법의 하나로 체벌을 해야 할지에 대해서는 아직도 논쟁 중이다. 외국에서는 대부분 체벌을 인권에 반하는 것이라고 보고 법으로 금지하고 있지만, 우리나라에서는 아직 체벌을 금지하는 법이 없다. 아직은 체벌을 아이들의 인권에 반하는 것이라거나, '인권' 까지는 아니라고 해도 아이들의 '권리'를 침해하는 것으로는 보지 않는다는 것이다.

물론 체벌에 의해 부상을 입거나 사망하는 경우, 학생과 부모가 민법의 불법행위 책임(제750조)이나 국공립 학교인 경우 국가의 배상 책임, 또는 재학 계약상의 안전 배려 의무 위반을 이유로 하여 교사와 학교(국가, 지방공공단체, 학교법인)를 상대로 손해배상을 청구할 수 있고, 사망에 이른 경우에는 교사에게 형법상의 실형이 선고될 수도 있다. 결국 체벌에 의해 민·형사법상의 결과가 생겨야 처벌한다는 것이다.

이러한 우리나라의 교육 상황에서 교사는 체벌을 할 수는 있지만 그런 민·형사상의 결과가 생기지 않도록 조심해야 한다. 그러나 이렇게 결과를 의식하며 조심스럽게 체벌한다는 것이 과연 옳은 것일까? 그것을 아무리 '사랑의 매', '교육의 매'라고 미화한다 해도 옳다고 말하기는 힘들 것이다.

인권의 문제를 헌법의 인권 차원이 아니라 민·형사법으로 처리하는 우리나라의 이러한 태도는 체벌에만 관련된 문제가 아니라 우리의 인권 문제에 대한 인식이 아직도 외국에 비해 그 수준이 낮거나 특별하다는 점을 보여 주는 하나의 사례가 된다. 극단적으로 말하면 운이 좋으면 문제가 안 되고 운이 나쁘면 문제가 된다는 식으로 인권을 편의주의적이고 기회주의적이며 상대주의적인 것으로 해석하고 있는 것이다.

인권이란 말의 문제점

체벌을 비롯하여 학교에서 인권이란 말이 등장한 것은 그다지 오래된 일이 아니다. 오히려 학교에서는 앞에서 본 급식 문제를 비롯하여 아이들의 인권 문제가 제대로 논의되지 않고 있다. 학교보다는 사회에서 인권이란 말을 더욱 더 자주 사용하고 있는데 이 경우에도 그 의미가 분명하지 않은 경우가 많다.

인권에 대한 말이 왜 이렇게 분분해!

10여 년 전만 해도 인권이란 말은 그 뒤에 따라붙는 '침해'나 '탄압'이나 '유린'이란 단어와 함께 상당히 정치적으로 사용되었고, 대체로 대단히 '불순한'(정부나 자본 측에서 볼 때) 또는 '개혁적인'(국민이나 노동자와 같은 주장자의 입장에서 볼 때) 느낌을 주기도 했다. 하지만 최근에는 많은 사람들이 흔하게 사용함으로써 그런 느낌은 많이 사라졌다. 단순히 정치적인 느낌만 사라진 것이 아니다. 실제로 인권이란 말이 정치적인 탄압에 대해 자유를 주장하는 것으로 사용되기보다는 경제적인 이익의 관점에서 사용되는 경향으로 나타난다.

이 글을 쓰는 동안에도 어느 아파트 앞에서 "서민 임대 아파트 건설은 우리 주민 인권 침해!"라는 현수막을 볼 수 있었다. 아파트 옆 거리에는 "에이즈 병원 설립은 주민 인권 탄압!"이라는 표어가 붙어 있다. 그 앞 더 큰 거리에는 "바다이야기 업주들의 인권을 보장하라!"라는 구호가 요란스럽다. 아파트 뒤 논밭에는 "아파트 용지 땅값을 제대로 쳐주지 않는 정부는 지주의 인권을 유린 말라!"라는 포스터도 보인다.

이런 경우의 인권은 권리, 그중에서도 재산권을 뜻한다. 고급 아파트 옆에 서민 임대 아파트를 건설하거나 에이즈 병원을 설립하면 고급 아파트 값이 내려갈 수 있으니 그것이 그곳 주민의 인권(=재산권)을 침해하는 것이고, 심지어 탄압하는 것과 같다는 것이다. '바다이야기'가 우리나라를 소위 도박 공화국으로 몰아넣었는데도, 그동안 엄청난 이익을 보았던 그 업주가 이제는 막대한 손해를 보게 된 것이 인권 침해라는 것이다. 땅을 헐값에 샀다가 엄청난 값으로 되파는 부동산 투기업자들이, 정부가 그 땅값을 제대로 쳐주지 않는 것도 지주의 인권 유린이라고 하는 것이다.

물론 그런 재산권도 분명히 인권의 하나이다. 그러나 서민 임대 아파트는 집 없는 서민에게 인간의 기본적인 생활을 보장해 주기 위한 것이기 때문에 그야말로 기본적이고도 기본적인 인권 보장을 위한 것이라고 할 수 있다. 에이즈 병원 설립도 마찬가지로 불치병인 에이즈로 인해 언제 죽을지도 모르는 그 환자들에게는 기본적인 인권 문제이다. 고급 아파트 주민들의 인권과 아예 집이 없는 서민들의 주택에 대한 기본적인 인권 중 어느 것이 더 중요하다고 할 수 있을까? 물론 고급 아파트 주민 등의 입장에서 보면 '자신들의 재산 권리'를 침해한다고 할 수는 있겠으나, 그것으로 인해 침해받는 사회적 약자들의 인권에 비한다면 그 재산권 침해를 인권 침해라고 주장할 수는 없는 것이다.

여기서 우리는 인권이란 것이 과연 무엇이고, 그것을 어떻게 판단하는 것이 옳은지에 대한 문제에 부딪힌다. 그리고 결국은 갈등 상황에 있는 대상 중에 어느 한 편을 선택할 수밖에 없다. 결국 인권이란 하나의 가치 판단 문제이고, 또한 선택적인 가치 판단 문제라는 것이다.

앞에서 보았듯이 인권이란 그 말을 사용하는 사람에 의해 다양하게 사용된다. 그러나 하나의 권리를 놓고 대립하는 두 사람이 모두 다 자기의 권리라고 주장해서는 안 된다. 흔히 우리나라에서는 목소리 큰 사람이 이긴다는 말이 유행한다. 인권이란 말도 그렇게 목소리 큰 사람에 의해 악용되어서는 안 된다.

인권이란 무엇인가?

인권이란 human rights를 우리말로 번역한 것이다. 우리가 이 단어를 중요하게 생각하기 시작한 것은 1948년 12월 10일에 유엔이 제정한 세계인권선언을 통해서였다. 우리나라가 그날을 오랫동안 '세계인권선언일'로 기념하며 중요하게 생각해 왔음에도 불구하고 지난 세월 유엔에 의해 인권 문제국으로 비난받은 적도 있었음은 아이러니한 일이 아닐 수 없다. 물론 인권을 둘러싼 아이러니는 위에서 체벌이나 재산권을 둘러싼 경우에서도 볼 수 있고, 특히 다른 나라와의 관계에서 미국이 걸핏하면 인권 문제를 들고 나오는 것에서도 볼 수 있으니 그다지 신기한 문제는 아니다.

Human rights를 '인간의 권리'의 준말인 '인권'이라고 번역한 것은 당연할지 모르나, 일반적인 권리인 rights도 모두 '인간의 권리'라는 점에서는 같은 것임을 볼 때, human rights라고 하면 단순한 '인간의 권리'가 아니라 '인간이면 누구나 가진 가장 기본적인 권리'를 뜻한다고 보아야 한다. 즉 인권이란 '인간의 권리' 중에서도 가장 기본적인 권리를 뜻한다.

그렇다면 인간에게 가장 기본적인 권리란 무엇일까? 인간 생활의 기본을 의식주라고 할 때 그것을 갖는 권리가 인권이라고 할 수 있다. 의식주 중에서 특히 문제인 것은 '식'과 '주', 즉 먹는 것과 집이다. 급식비를 내지 못해 학교에서 점심을 먹지 못하는 학생들이 있고, 하루 세끼를 먹지 못하는 사람들도 많다면 우리나라는 인권이 제대로 보장되지 못하고 있다고 할 수 있다. 또한 삼천리 금수강산이 아파트로 숲을 이루어도 아직 무주택자가 국민의 반 정도에 이르고, 그들을 위해 정부가 임대 아파트를 지어 염가로 제공하려고 하는 것을, 그 옆의 고급 아파트 주민들이 자기들 집값 하락을 우려해 '인권 침해'라 운운하는 것은 그야말로 인권이란 말을 잘못 사용하는 대표적인 예라 할 수 있을 것이다.

물론 그들의 재산권도 인권이다. 사실 대부분의 사람들에게는 재산이야말로 가장 소중한 것이다. 특히 최근 몇십 년간 오로지

체벌, 두발 규제도
엄연한
인권 침해라고!

인권?
우리에게 그런 게
있기는 있어?

하지만 잘못 나섰다간
선생님들에게 찍히기만 하잖아!

솔직히 인권의 범위가
어디까지인지도 헷갈려!

학칙이나 교권이
인권에 앞설 수는
없어!

청소년도 엄연히
인권을 가진 인간이야!

'돈, 돈, 돈' 하며 살아온 한국인에게 재산권이란 무엇보다도 소중한 권리임에 틀림없다. 그러나 인권에는 그 밖에도 많은 것들이 있다. 재산권을 제약할 수도 있는 여러 가지 인권이 있다. 세계인권선언에서도 30개 조항을 통하여 이러한 다양한 인권을 규정하고 있고, 우리나라 헌법에서도 비슷한 수의 조항을 두고 있다. 그 모든 인권은 존중되어야 한다. 하지만 단순히 인권의 '인'이 오로지 자기의 이익만을 주장하는 지극히 이기적인 개인이나 사인私人이라 생각하고, 인권의 '권'이란 물질적인 이익만을 뜻한다고 해석하면, 많은 사람들이 인권이란 말에 대해 회의하면서, '인권은 사치'라는 말이 나올지도 모른다.

사실은 최소한의 의식주조차 보장받지 못하는 사람들을 인권의 이름으로 보호해야 한다. 그런데 반대로 그것을 침해하는 사람들이 자신들의 권리를 보호하기 위해 인권 운운하고 있는 우리의 현실은 가관의 지경을 넘어서서 절망의 차원까지 이르고 있다 해도 과언이 아니다. 이는 우리들이 아직도 이기주의적이고 물질주의적이라는 점을 단적으로 보여 주는 것이다.

인권이란 인간은 모두 자유롭고 평등하다는 자유주의와 평등주의에 입각한, 누구나 자유롭고 평등하므로 모두 형제자매 동포라고 하는 연대주의나 박애주의 또는 공동체주의 없이는 성립될 수 없다. 즉 자유와 평등이라고 하는 것을 남에 대해 자신을 뽐내거나 경쟁에서 이기기 위한 원리로 삼아서는 인권이란 것이 존재할 수 없다. 사실 영어의 Human rights란 '인간적인 정당성'이라는 뜻도 가지고 있다.

인권이라는 것을 '인간의 가장 기본적인 권리'라고 정의하고 그 내용을 살펴보도록 하자. 제2차 세계 대전이 독일이나 일본과 같은 파시즘 국가의 인권 탄압에서 비롯되었다는 반성에서 UN은 1948년의 세계인권선언을 비롯하여 수많은 인권 국제법을 제정하여 실시하고 있다. 그중에서 특히 중요한 것은 1976년에 제정된 국제인권규약인데, 우리나라도 1990년에 그것을 비준하여 국내법과 같은 효력을 가지고 있다.

그러나 가장 중요한 것은 헌법이다. 어느 나라에나 그 나라의 기본법(=근본법)인 헌법이란 것이 있고, 그 속에 인권에 관한 규정이 적혀 있게 마련이다. 우리나라도 마찬가지로 헌법 제2장에 그것을 규정하고 있다.

물론 헌법에 규정되어 있다고 해도 현실은 헌법과 다를 수 있다. 인권 침해나 탄압, 유린이 극심했던 군사 독재 시절에도 헌법에는 인권 규정이 있었다. 따라서 '법형식'이 중요한 것이 아니라 '법현실'이 중요함은 두말할 필요가 없다. 또한 모든 나라의 헌법에 규정된 인권이 모두 같은 것은 아니다.

엄격하게 말해서 일부 국가에서 규정하고 있는 헌법의 인권은 인권이 아닌 경우가 있다. 가령 우리 헌법에서도 인권을 '국민의 권리'로 규정하고 있다. 따라서 외국인의 경우에는 헌법의 인권과 무관하다. 그러나 외국인도 인간임은 두말할 필요가 없다. 헌법의 인권 주체에 외국인을 제외해서는 안 된다. 물론 외국인이기 때문에 따르게 마련인 최소한의 자격 요건이 있을 수 있겠으나, 그것은 최소한에 그쳐야 한다. 이렇듯 인권은 국제적이고 세계적이어야 한다.

보호해야 할 아이들의 인권

아이들의 인권 문제는 앞에서 본 급식 사고나 체벌 또는 왕따의 경우만이 아니다. 언제나 아이들에게 강요되는 공부에는 문제가 없을까? 한국 사람이 다녀가는 외국에서는 어느 외국인이나 '빨리 빨리'란 말을 안다고 한다. 그래서 이제 한국은 코리아가 아니라 '빨리 공화국'이고 한국인은 세상에서 가장 바쁜 민족이 되었다. 그런 한국인 중에서 가장 바쁜 사람들은 청소년이다. 입시 전쟁, 입시 지옥이라는 말이 나올 정도로 엄청난 경쟁 사회가 바로 우리의 학교이다.

그나마 직장 사회에서는 근로 기준법의 법정 노동 시간인 1일 8시간 1주 40시간제(제49조), 즉 주휴 2일제가 확대되고 있으나, 학생들은 반대로 잠자는 시간 1일 8시간(보다 짧겠지만) 외에는 전부 공부 시간이라고 해도 과언이 아니다. 최근 학교에서도 주휴 2일제가 조금씩 행해지고 있으나, 학생들은 주휴 2일이라고 해도 역시 학교 밖 공부에서 해방되는 것이 아니다.

한편 근로 기준법에서 청소년의 법정 노동 시간은 1일 7시간, 1주 40시간이다(제67조). 이는 성인 노동자의 법정 근로 시간이 1주 48시간에서 주휴 2일제에 의해 1주 40시간으로 준 것임을 기준으

로 하여 볼 때, 1일 7시간으로 1
주 5일을 근무하면 1주 35시간으
로 되어야 하는 것을 무시한 것이다.

우리에게는 공부를 안 할 수도 있는 권리가 있다고요!

　이렇게 아직은 불합리한 청소년의 노동
시간의 경우에도 1일 7시간인데 공부는 그 두 배
인 1일 14시간 이상이어서 청소년들에게 너무나
도 가혹한 것이라고 할 수 있다. 외국과 비교하면
더욱 더 가혹하다. 대부분의 외국에서는 초 · 중 · 고 학교 수업은
오전으로 끝나고 주휴 2일제도 완전하게 실시되고 있다.

　이런 가혹한 공부의 강요는 인권 침해가 아닐까? 물론 공부는
개인의 자유에 속하는 것이므로 그것을 법적으로 규제할 필요는
없고, 규제할 수도 없다. 그러나 우리나라와 같은 공부 '지옥'에서
는 그런 규제를 통해서라도 아이들을 보호할 필요가 있을 정도로
문제는 심각하다. 어떻게 공부할 것인가 하는 것도 개인의 자유이
므로 그것을 법으로 정할 수도 없다. 나아가 학교에서 교사나 교수
가 어떻게 공부를 시킬 것인가 하는 것도 학교의 자유이므로 그것
을 법으로 정할 수도 없다. 그러나 최소한의 원칙은 있어야 한다.
그것이 헌법에서 정한 교육을 받을 인권이다.

　헌법은 교육을 받을 인권을 보장한다(제31조). "모든 국민은 능
력에 따라 균등하게 교육을 받을 권리를 가진다."(동 1항) 그리고
"모든 국민은 그 보호하는 자녀에게 적어도 초등교육과 법률이 정
하는 교육을 받게 할 의무를 진다."(동 2항)는 조항에 의거하여 국

가는 교육 제도를 충실하게 하여 적절한 교육을 받을 수 있도록 정비할 의무가 있다. "의무교육은 무상으로 한다."(동 3항)는 것은 그 최소한의 보장이다.

교육의 인권 문제에서 핵심은 헌법 제31조가 규정하는 교육의 '자주성 · 전문성 · 정치적 중립성'에 있다(동 4항). 교육의 '자주성'이란 교육의 자유를 말한다. 즉 '자주성'이란 아이들의 능력에 가장 알맞은 교육을 받을 수 있도록, 자녀가 다닐 학교를 선택하고, 학교 이외의 교육 시설에서도 배우는 자유가 있다는 것이다.

여기서 중요한 것은 국가가 교육의 내용이나 방법을 무조건 획일적으로 정하는 것은 교육의 자주성을 해치는 것이라는 점이다. 그러므로 국가에 의한 검인정 교과서라는 획일적인 교육 내용을 정하는 것이나 그 교육 방법을 국가가 일방적으로 결정하는 것은 자주성에 어긋난다. 그런데도 우리나라에서는 이를 인권 침해로 문제 삼지는 않는다. 외국에서는 국정 교과서 없이 다양한 교과서를 학교 측에서 선택하도록 하고 있다.

아이들의 인권은 헌법에 정한 교육의 권리 외에 여러 가지 인권 규정과도 관련된다. 예를 들면 중 · 고교 학생들의 어떤 서클이 교내에서 집회를 했는데 그것이 학칙에 위반된다는 것을 이유로 정학 처분 등을 받은 경우를 들 수 있다. 이러한 문제는 두발과 복장 또는 종교와 관련해서도 발생한다.

이에 대해 그런 활동이 장래의 사회생활을 학습하는 기회로 교육적 의미를 갖는 것이니 정학 처분은 부당하고, 따라서 그런 학칙 규정은 부당하며 필요 없다고 주장할 수도 있다. 반면 그런 활동은 공부를 해야 하는 학생에게는 부적당하고, 그런 학칙 규정은 그런 부적당한 활동을 규제하여 학교생활의 질서를 세우기 위해 필요하다고 주장하는 견해도 있을 수 있다. 또한 그런 학칙은 교장을 위시한 학교 당국에서 만든 것이니 그 출발에서부터 부당하고, 학생들에게 적용되는 학칙은 학생들이 뽑은 대표인 학생회에서 만들어야 하며, 그래야 학생들을 자발적으로 복종하게 하는 법으로서의 규범성과 강제력을 갖는다는 주장도 있을 수 있다. 반면 학칙은 국민의 대표인 국회가 만든 교육기본법 등에 근거하여 제정되었으므로 법으로서 정당하다는 주장도 있을 수 있다.

이러한 여러 주장의 옳고 그름을 따지기란 쉽지 않다. 그래서 모든 법의 근본인 헌법을 가지고 논의할 필요가 있다. 우선 헌법은 집회의 자유를 언론·출판·결사의 자유와 함께 보장한다(제21조)는 점을 생각해 보자. 그렇다면 위 학칙은 교육 기본법에 의해 제정되었다고 해도 그 상위법인 헌법에 위반되는 것이다. 교육 기본법에 의해 제정된 초·중등 교육법에도 "학생의 자치 활동은 장려·보호"된다고 규정하고 있다(제17조).

그런데 같은 조항에 "그 조직 및 운영에 관한 기본적인 사항은 학칙으로 정한다."고 되어 있다. 보통 학칙에서는 자치 활동을 사전 허가제로 규정하고 있는데, 그렇다면 그런 학칙 자체가 위법한 것은 아닌가 하는 의문이 생긴다. 또한 우리는 헌법에 집회의 자유가 규정되어 있는데, 왜 학칙의 집회 사전 허가제가 그 헌법에 위반된다고 판단하지 않고, 이를 허용하는 학칙의 제정권이 학교 측에 있음을 인정하는지 의문을 가질 수도 있다.

이에 대해 학교의 교육적 필요성과 관리의 목적성에 비추어 학교가 학칙을 정하는 자체는 재량권에 속할 수도 있다. 교육이란 학생의 심신을 전면적으로 발달하게 하기 위해 학생과 교사와 학부모가 자율적으로 꾸려야 하는 것이므로 법이 거기에 가능한 한 개입하지 않는 것이 옳고, 그 질서는 자치적으로 규제됨이 옳다고 보는 것이다.

그러나 그 학칙 위반을 이유로 하여 정학 처분을 내리는 것에 대해서는 과도한 것이라는 이유에서 위법일 수 있다. 또한 아무리 자치적으로 규정한다고 해도 헌법의 원칙에 어긋나서는 안 되는 것이 아니냐 하는 반론도 있을 수도 있다. 이에 대해 다시 헌법은 국가와 개인 사이의 관계를 규제하는 것이지 개인과 개인 사이의 관계를 규제하는 것이 아니라는 반론도 있을 수 있다. 이러한 반론은 끝없이 이어질 수 있다.

우리 교육 기본법에서는 "학생은 학교의 규칙을 준수하여야 하고…… 학내의 질서를 문란하게 하여서는 안 된다."고 규정하고 있다(제12조 3항). 그것이 옳다는 점에 대해서는 누구도 이의를 제기할 수 없다. 그 학칙을 어떻게 만드는 것인가에 대한 규정은 없으므로 학교의 자치에 맡겨져 있다고 할 수도 있다. 여기서 문제는 그 자치를 어떻게 운영할 것인가 하는 문제인데, 우리나라에서는 대체로 학교가 학칙 제정권을 비롯한 자치의 결정권을 가지고 있다. 대부분의 민주주의 나라에서는 학생을 포함한 학교 구성원 전원이 참여하여 학칙을 제정하나, 우리나라에서는 반드시 그렇지만은 않다. 물론 우리나라에도 최근 학생회에서 두발 규제 등의 기준을 결정하게 하는 학교가 조금씩 생기고는 있다. 하지만 앞으로 좀 더 많은 학생들이 그러한 학칙 제정에 참여할 권리를 가질 필요가 있다.

헌법에서 보장하고 있는 인권이 학칙 때문에 무시되어서는 안 된다. 가령 두발이나 복장을 비롯한 표현에 대한 인권도 보장하므로 이를 규제하는 학칙은 헌법의 인권 보장에 위반하는 것이 될 수도 있다(제10조, 제21조). 또 종교의 자유를 헌법이 보장하므로(제20조) 특정한 종교를 학생에게 강요하는 것도 헌법 위반이 될 수 있다.

학교에서 발생하는 헌법과 학칙의 모순되는 문제는 인권의 차원에서 접근해야 한다. 학교는 학생들의 인권을 존중하고, 학생들이 스스로 그 권리를 찾을 수 있도록 도와주어야 한다. 학교라는 공간이 단순히 학생들의 인권을 무시하고 목적을 이루려는 공간이 아니라 학생들 스스로 자신들의 인권을 찾을 수 있도록 도와주는 공간이 되어야 한다. 자신들의 생각과 참여로 이루어진 학교생활이 되어야만 헌법과 법률이 규정하고 있는 인권을 보장할 수 있을 뿐 아니라, 학칙을 자발적으로 준수함으로써 학내의 질서도 유지될 수 있을 것이기 때문이다.

과학 기술은 우리 사회의 한가운데에서
그 변화를 이끌어 내는 중요한 역할을 하지만,
다른 한편으로는 그 과정에서 사회 구조의 중심에 위치한
숱한 문제점들을 고스란히 떠안고 있다.

김동광

고려대학교에서 독문학, 동 대학원에서 과학사회학 박사 과정을 공부했다. 과학 전문 번역 가이자 저술가로 《비주얼 박물관》 《윈도우 시리즈》 등의 어린이 과학책과 《알고 싶은 과학의 세계》 《시간의 패러독스》 등 많은 책을 번역했으며, 《움직이는 건 뭐지?》 《살아 있는 지구의 얼굴》 등의 과학책을 썼다.

오늘날 과학 기술의 중요성은 새삼 강조할 필요가 없을 정도이다. 우리는 아침에 일어나서 저녁에 잠자리에 들기까지 과학 기술의 산물인 온갖 인공물의 도움 없이는 살아갈 수 없다. 가령 극소전자 기술과 통신 기술의 결합인 휴대폰이나 제2차 세계 대전 당시 군사 기술의 일환인 아파넷^{ARPAnet}이라는 이름으로 개발되었다가 민간화된 인터넷은 불과 얼마 전까지만 해도 SF에나 나옴직한 기술이었다. 그렇지만 오늘날 휴대폰이나 인터넷이 없는 생활이란 아예 상상조차 할 수 없을 정도이다.

그런데 현대 과학 기술은 우리들이 살아가는 방식에 아주 큰 영향을 줄 뿐 아니라 우리가 문제를 해결하는 방식과 사유하는 방식까지 변화시켰다. 우리가 보통 말하는 합리성은 17세기 과학 혁명으로 탄생한 근대 과학의 세계관에 기반을 두고 있다. 그래서 현대의 개인이나 사회는 어떤 문제에 부딪혔을 때 제일 먼저 과학 기술의 도움을 받아 해결하려는 경향이 있다. 예를 들면 사람들은 불임의 문제를 입양과 같은 사회적 해결책보다는 생식 기술에 의존하여 해결하려 하고, 정책 입안자들은 에너지 문제를 소비 절약과 같은 사회적 노력보다는 새로운 대체 에너지 개발로 풀어 나가려

한다. 따라서 우리의 삶의 양식뿐 아니라 사유 양식까지도 과학화科學化된 셈이다.

과학과 기술은 우리가 살아가는 환경을 '제 2의 자연'으로 바꾸고, 우리의 생활과 사고에 깊은 영향을 미치면서 복잡한 연관을 이루고 있다. 어떤 면에서는 과거에 종교가 차지하던 지위를 대신하기도 하고, 도덕이나 윤리에 변화를 가져 오기도 한다. 여가와 오락에서도 과학 기술에 대한 의존도가 크게 높아지고 있다. 과학기술은 우리의 모든 삶과 떼려야 뗄 수 없는 밀접한 관계를 이루고 있다. 따라서 오늘날 과학은 우리가 살아가는 토양과도 같다.

과학을 둘러싼 여러 가지 오해들

그런데 과학이 우리의 자연스러운 문화가 되었는데도 우리는 여전히 과학이나 기술을 특별한 것으로 생각하는 경향이 있다. 실생활에서는 과학 기술의 산물을 스스럼없이 사용하고 과학 기술 환경 속에서 살아가면서도 정작 과학이나 기술에 대해서는 '나와는 무관한 무엇'이나 '전문가들의 영역이지 보통 사람은 알 수 없는 무엇'으로 생각하는 이중적인 태도를 나타내는 것이다. 이는 현대 사회에서 과학 기술이 가지는 규정력이 높아지면서 과학 기술 자체가 보통 사람들에게 권위로 다가오기 때문이다. 실제로 오늘날 과학은 우리 사회에서 가장 강력한 권력의 하나가 되었다.

이러한 영향으로 우리들은 부지불식간에 과학에 대해 여러 가지 고정관념을 가진다. 대부분 실제와는 큰 차이가 있는 오해이다.

과학에 대해 사회적으로 생각해 볼까?

그중에서 가장 두드러진 것들을 살펴보자.

첫째, 과학은 특별한 것이라는 고정관념이다. 이런 생각은 과학자에 대한 일반적인 상(像)이 흰머리의 노 과학자가 흰 가운을 걸치고 칠판에 어려운 수학 공식을 쓰는 모습으로 정형화되는 데에서도 잘 나타난다. 이런 생각은 과학 지식에 대한 인식에서 가장 두드러진다. 많은 사람들이 과학 지식은 자연의 진리를 추구하는 객관적이고 보편적인 지식이며, 인문학이나 사회과학 지식과는 근본적으로 다르다고 생각한다.

물론 근대 과학은 그동안 어떤 지식보다도 우리를 둘러싼 세계에 대해 높은 설명력을 발휘했고, 오늘날 우리가 누리고 있는 물질문명과 문화가 그러한 지식에 많은 빚을 지고 있는 것은 사실이다. 그러나 과학 지식이 보편적이고 절대적인 지식이라는 생각은 오늘날 더 이상 받아들여지지 않는다.

과학 철학자 토마스 쿤Thomas Samuel Kuhn은 그의 저서 《과학 혁명의 구조》에서 유명한 패러다임의 개념을 제기했다. 패러다임이란 과학자 사회가 갖는 가치 체계의 총합이라 할 수 있는데, 거기에는 문제 풀이의 전형이 있다. 정상 과학이 패러다임과 동일하며, 정상 과학은 패러다임 내에서 작동하는 문제 풀이puzzle solving 활동이라고 말했다. 즉 과학은 다른 활동과 마찬가지로 그 패러다임이 제기하는 문제를 해결하는 수단 이상도 이하도 아니라는 것이다. 그리고 패러다임마다 풀어야 할 문제들의 집합이 다르다. 따라서 과학이 가지는 설명력은 이러한 패러다임 내에서의 설명력일 뿐이며, 패러다임이 전환되면 더 이상 과거와 같은 지위를 누리지 못한다. 최근 세계는 그동안 개발과 진보를 기치로 내걸고 지배적인 지위를 누려 왔던 근대주의의 패러다임이 환경 문제와 지구 온난화, 석유 고갈 등의 위기에 처하면서 근대 과학의 접근 방식에 대한 포괄적인 성찰을 요구받고 있다.

휠체어의 물리학자로 잘 알려진 영국의 스티븐 호킹^{Stephen William Hawking} 박사는 그의 유명한 저서 《시간의 역사》에서 이론 물리학의 끝이 보인다고 말했다. 물리학이 완성되어 삼라만상^{森羅萬象}을 하나의 이론으로 설명할 수 있을 것이라는 생각에서였다. 그리고 책의 마지막에서 "곧 신의 마음을 알 수 있을 것이다."라는 말을 해서 많은 논쟁을 불러일으켰다. 그렇지만 호킹은 몇 년 후 영국의 과학 잡지 〈뉴사이언티스트〉와의 인터뷰에서 물리학의 오랜 꿈이었던 대통일 이론과 같은 이론이 존재하지 않을 수도 있다면서 다른 태도를 보였다. 그리고 자신의 또 다른 저서 《호두껍질 속의 우주》에서 '과학이란 끊임없이 세계를 설명할 수 있는 가장 그럴듯한 가설을 수립하고 그 가설을 검증

과학이 모두 걸
해결해 줄 것 같아?
천만의 말씀이라고!

하기 위해 벌이는 노력'이라고 말했다.

17, 18세기에 많은 자연 철학자들은 뉴턴이 물리학을 완성시켰고 뉴턴의 이론이 만고불변의 진리라고 생각했다. 하지만 채 3백 년도 되지 않아 상대성이론과 양자 역학으로 그 토대가 무너졌다. 또한 양자 역학도 모든 것을 설명하지는 못한다. 최근에는 초끈 이론처럼 기존의 가정들을 뒤집는 새로운 이론에 대한 모색이 활발하게 이루어지고 있으며 지금의 이론들도 언젠가는 다른 이론들로 대체될 것이다. 결국 절대적인 과학 지식이란 존재하지 않으며, 이 세계를 설명하려는 인간의 노력만이 계속될 뿐이다.

둘째, 과학에는 명확한 한 가지 답이 존재한다는 잘못된 생각이다. 첫 번째 오해와 긴밀히 연관되어 있는 이 두 번째 생각도 사람들 사이에 많이 퍼져 있다. 즉 인문학이나 사회과학에서는 여러 가지 답이 경합을 벌일 수 있지만, 과학은 객관적인 진리를 추구하기 때문에 단일하고 명쾌한 답을 줄 수 있을 것이라는 잘못된 생각이다. 이러한 생각은 현실과 상당한 차이가 있다.

오늘날 우리는 환경 문제를 비롯한 여러 가지 과학 기술 주제에 대해 전문과학자들도 다양한 입장으로 논쟁을 벌이는 모습을 자주 볼 수 있다. 수돗물 불소화, 유전자 변형 식품, 배아 줄기 세포 그리고 최근 광우병의 위험성을 둘러싼 논쟁 등에서 우리는 전문가들이 다양한 입장에서 서로 경합을 벌이는 모습을 지켜보았다.

최근 과학사회학은 과학 지식의 생산과 과학 기술의 쟁점을 둘러싼 논쟁 속에서 하나의 해결책이 사회문화적으로 구성되는 과정을 분석하면서 이러한 오해를 불식시키고 있다. 이러한 관점에 따르면 과학은 그 자체로 존재하는 것이 아니라 사회와 불가분의 관계를 가지며 그 속에서 구성되는 사회적 구성물이다.

셋째, 과학 기술이 중립적인 도구라는 신화이다. 흔히 사람들은 과학이 양날을 가진 칼날과 같아서 사람들이 과학을 잘못 사용하는 '과학의 오용'이 문제이지 과학 그 자체에는 문제가 없다고 이야기한다. 그러나 실제로 과학 기술은 중립적이지 않으며, 과학 기술에서 다양한 집단들의 이해관계를 배제할 수도 없다.

우리가 무심코 사용하는 휴대폰은 단순히 도구로 그치지 않는다. 사적인 의사소통의 속성을 갖고 있는 휴대폰이 우리 사회의 주된 소통 수단이 되면서 사회 전체의 의사소통 양식에 중요한 영향을 미친다. 여러 사회학자들은 이런 현상에 대해 우리 사회의 공동체적 소통을 약화시킬 수 있다고 지적한다. 나아가 이러한 소통 양식에 미치는 영향은 인간 존재의 정체성 자체에까지 깊이 각인된다.

또한 기술사가인 토마스 휴즈는 중앙 집중적 에너지 체계인 원자력이 관료주의나 권위주의적 정치 체계와 긴밀한 연관성이 있다고 주장한다. 원자력이 가능하려면 입지 선정에서 전국적 송전망 체계 구축 등 모든 점에서 중앙집중적 체계를 갖출 수밖에 없으며 따라서 풍력이나 태양광과 같은 지방 분산적 에너지 체계와는 그 속성을 달리한다는 것이다.

과학은 기존의 사회적 계층 관계나 편견에서도 자유롭지 못하다. 한때 정보 기술이 기존의 산업 사회가 빚은 사회 불평등이나 소외와 같은 문제를 해결해 줄 것이라는 주장이 있었지만, 오늘날 정보 격차digital divide로 대표되는 정보 기술의 불평등 현상은 오히려 심화되는 실정이다. 즉, 정보 기술이 발달할수록 그 혜택을 입는 사람들은 중산층 이상의 고학력자들이기 때문에 사회적 약자들과의 격차가 더욱 벌어질 수밖에 없다는 것이다.

과학 기술은 기존의 사회 편견에서도 자유롭지 못하다. 예를 들어, 첨단 기술을 적용하는 화장품이나 비데와 같은 청결 기술은 흔히 여성들에게 남성보다 높은 청결의 기준을 적용하기 때문에 기존의 사회 편견을 강화시키는 결과를 낳곤 한다. 따라서 과학 기술은 중립적이지 않으며 사회 구조와 밀접한 연관성을 가진다.

과학 기술의 발전이 꼭 좋은 것만은 아니군!

이처럼 과학을 둘러싼 오해들이 그토록 오랫동안 해소되지 않고 유지되는 것 또한 오늘날 과학이 사회에서 차지하는 높은 지위, 권력과 무관하지 않다. 어떤 면에서 이러한 오해들은 우리 사회에서 중요한 제도인 과학을 유지하기 위해 계속 재생산되는 이념의 한 부분이기도 하다. 이러한 이념은 과학 기술, 특히 과학을 사회와 무관한 순수한 진리추구 활동으로 간주하려 한다.

그러나 과학 기술은 사회와 동떨어진 실험실에서 이루어지는 고립된 활동이 아니라 그 자체가 사회 활동이다. 그리고 이 사회

과학이 뭐길래?

난 과학보다는
국어와 사회가
더 좋은데 말야!

어휴, 그런
좁은 의미의 교과목을
이야기하는 게 아닌데!

그럼, 뭔데?

과학 자체보다는
사회에 미치는 영향을
제대로 보아야 한대!

결국
과학도 잘하고
사회도 잘하란 말 아냐?!

활동으로서의 과학은 최근 들어 큰 변화를 겪고 있다. 과학의 중요성을 올바로 이해하기 위해서, 즉 있는 그대로의 과학과 그로 인한 사회 영향을 알기 위해서 과학을 둘러싼 상황 변화를 인식할 필요가 있다.

과학을 둘러싼 상황의 변화

흔히 과학자를 떠올리면 아인슈타인처럼 연구실에서 혼자 자연의 비밀을 탐구하는 모습을 연상하기 쉽다. 그렇지만 과학이 전문화되고 제도화되면서 오늘날 과학 연구는 더 이상 개인의 영역에 속하지 않으며 기업이나 국가와 같은 거대 조직과 뗄 수 없는 관계를 가지게 되었다.

17세기 프랜시스 베이컨Francis Bacon과 같은 과학자는 《뉴 아틀란티스》와 같은 작품에서 이미 많은 과학자들이 공동으로 연구에 몰두하는 근대 과학의 상을 그렸지만, 20세기 이후 과학은 그 이전과는 사뭇 다른 양상을 띤다. 거대 과학big science은 제2차 세계 대전 이후 새롭게 등장한 과학 연구 방식이라고 할 수 있다.

거대 과학은 막대한 비용, 엄청난 물리적 자원, 첨단 장비, 인력, 기술력 등이 요구되므로 개인이나 작은 연구집단으로는 엄두도 못 내는 새로운 연구방식이다. 가령 거대한 입자 가속기는 지름이 수 킬로미터에서 수십 킬로미터에 달하고 그것을 건설하기 위해서는 천문학적 비용과 자원이 동원되어야 한다. 또한 입자 가속기 하나를 연구하는 데에는 수십 명에서 수백 명의 박사급 과학자들이 참여한다.

거대 과학이 가져 온 변화는 과학 연구의 목표와 방향에 대한 결정이 과학자 개인이나 작은 연구자 집단에서 거대한 연구소, 기업, 나아가 국가로 이전되었다는 점이다. 다시 말해서 연구의 주도권이 과학자 개인에서 초국적 자본이나 국가와 같은 거대 조직으로 넘어갔다는 뜻이다. 과거에는 과학자들이 연구 주제를 결정할 때 자신의 관심사가 일차적인 요소로 작용했지만 제2차 세계 대전이 끝나면서 과학자들은 자신의 관심이 아니라 연구비를 지원받거나 직장을 구하기 쉬운 분야에 맞추어서 연구 주제를 설정할 수밖에 없었다. 그것은 연구비를 지원하는 대기업이나 국가가 특정한 방향으로 연구비를 집중 지원하고 과거처럼 자유로운 연구 주제에 대한 지원을 상대적으로 줄였기 때문이다.

두 번째 특징은 과학 연구의 중앙집중화, 관료화 그리고 정치화이다. 많은 숫자의 연구자들이 함께 모여서 단일한 연구 주제를 놓고 분업 시스템을 구축하다 보니 자연스럽게 연구는 중앙집중화되고 관료화될 수밖에 없다. 따라서 연구 관리자라는 새로운 직책이 생겨나고, 과학자들이 보다 많은 연구비를 얻기 위해서 이른바 자신의 연구를 선전하고 정부나 기업을 상대로 로비를 벌여야 하는 새로운 풍속도가 나타났다.

한 연구에 따르면 미국의 경우 연구비를 얻기 위해 자신들의 연구를 선전하고 연구비 지원서를 작성하는 등의 업무에 들어가는 시간이 계속 증가해서 전체 연구 시간의 30% 가량 소요된다고 한다. 이러한 과정에서 과학이 정치화되는 문제점이 발생한다.

1960년대에 미국과 소련 사이에서 냉전의 대리전 형태로 벌어진 우주 개발 경쟁의 산물인 아폴로 계획은 이러한 거대 과학의 특징을 잘 보여 준다. 1957년 소련이 먼저 스푸트니크 인공위성을 발사하고 연이어 지구 궤도에 사람을 올려놓는 데 성공하자, 자존심에 큰 상처를 입은 미국은 1960년대가 가기 전에 소련보다 먼저 달에 사람을 보내겠다는 국가 목표를 세우고 막대한 물자와 인력을 투여했다. 이 과정에서 NASA(미항공우주국)와 같은 거대 조직도 탄생했다. 국가가 정치적 이유로 과학 기술 연구의 목표와 방향을 정하고 집중적인 지원을 하는 선례인 셈이다.

과학도 시대에 따라 다른 양상으로 발전하는군.

세 번째로 과학과 기술의 경계가 더 이상 분명치 않게 되었다. 학자들 사이에서는 애당초 과학과 기술을 분리해서 설명하기 힘들다는 주장을 하는 사람들도 있다. 그러나 컴퓨터 기술과 같은 첨단기술에 대한 의존도가 점차 높아지면서 첨단 기술 없이는 연구 자체가 힘들어지는 상황도 이러한 변화에 한 몫을 한 것은 분명하다. 사람의 유전자 염기서열을 해독한다는 목표로 1990년에 시작된 또 하나의 거대 과학인 인간 게놈 프로젝트가 대표적인 경우이다. 염기서열을 자동으로 해석하는 장치인 시퀀싱 머신^{sequencing machine}이 개발되지 않았다면 이 계획은 목표했던 기간 안에 끝날 수 없었을 것이다.

과학의 사회적 측면에 대한 인식이 싹트다

이처럼 지난 수십 년 동안 일어난 변화는 오늘날 과학의 특성을 이루는 중요한 요소들이 되었다. 과학 기술은 우리 사회의 한가운데에서 그 변화를 이끌어 내는 중요한 역할을 하지만, 다른 한편으로는 그 과정에서 사회 구조의 중심에 위치한 숱한 문제점들을 고스란히 떠안고 있다. 그 때문에 1960년대 이래 많은 사람들이 이러한 과학의 사회적 측면을 인식하기 시작했다.

과학에 사회까지, 머리에 쥐가 나!

레이첼 카슨^{Rachel Carson} 의 《침묵의 봄》은 단순히 기적의 살충제로 부르던 DDT의 폐해를 고발한 데 그치지 않고, 과학 기술을 통해 자연을 통제할 수 있다는 과도한 신념 자체를 문제로 삼았다는 점에서 과학의 사회적 인식의 측면에서 중요한 이정표를 세웠다. 즉, 과학 기술이 우리에게 주는 긍정적 측면뿐 아니라 부정적 측면에 대해서도 적극적인 관심을 기울여야 한다는 생각을 불어넣어 준 것이다.

1990년대 이후 인간 게놈 프로젝트로 생명 공학이 새로운 기술로 각광을 받기 시작하면서 과학의 상업화에 대한 문제가 제기되기 시작했다. 사실 상업화의 뿌리는 이미 1980년대에 미국에서 마련되었다. 제너럴 일렉트릭 소속 미생물학자 아난다 차크라바티

Ananda Chakrabarty는 1971년에 해양 유출 기름을 제거할 수 있도록 유전자 조작된 미생물의 특허를 특허청에 출원했다. 당시 특허청은 미국 특허법 상 생물은 특허의 대상이 되지 않는다는 이유로 기각했다. 이후 항고를 거치면서 오랜 논란을 벌이다가 1980년 대법원에서 5:4의 근소한 차이로 특허가 인정되었다.

이 판결은 유전자라는 공유지를 사유화해서 상품화시킬 수 있는 중요한 법적인 근거가 되었다. 당시 재판장 워렌 버거는 "문제는 생물이냐 무생물이냐가 아니라 인간의 발명이냐 아니냐이다."라고 말해서 이후 동식물에 대한 특허의 길을 열어 주었다. 대법원은 유전자 조작된 박테리아가 그것이 사용된 과정과 별도로 '그 자체로' 특허의 대상이 될 수 있다고 판결했다. 이 판결 덕분에 세포주, DNA, 유전자, 동물 그리고 인간에 의해 조작되어 '제조된 상품'으로 분류되기에 적합한 그 밖의 모든 생물에 대한 특허 신청이 봇물을 이루었다.

과학의 상업화는 과학 기술이 자본주의 사회에 뿌리내리고 있다는 점에서 피할 수 없는 일이다. 게다가 과학을 발전시키는 데 중요한 역할을 하기도 한다. 그러나 이윤 획득이라는 목적에 연구 주제를 종속시켜서 기초적인 연구나 공익적 연구를 왜곡시킬 수 있고, 과학 기술의 혜택을 일부 계층에 국한시켜 사회 불평등을 심화시킬 수 있다는 지적도 있다. 이것은 '과연 누구를 위한 연구인가'의 문제이다.

황우석 교수를 둘러싼 논쟁이 한창이던 지난 2005년 〈한겨레

신문〉에 〈황 교수와 장애인의 수레바퀴〉라는 한 편의 투고 기사가 실렸다. 당시 장애인을 위해 일하는 필자는 이렇게 썼다.

"배아줄기세포가 혁신적인 발전을 이룬다 한들 투입해야 할 비용과 시간, 상용화 가능성 등은 얼마가 될지 아무도 장담할 수 없다. 그저 막연한 희망만 안고 기다리기에는 장애인들의 삶이 너무 척박하다. 자본주의의 역사, 좁게는 우리나라의 압축적인 경제 성장 과정을 둘러보면 철저히 산업 논리로 움직이는 배아줄기세포 연구의 혜택이 가난과 편견의 굴레에서 힘겨운 시시포스의 삶을 사는 일반 장애인에게까지 돌아갈지도 의심스럽다."

그 무렵 황우석 박사가 장애인과 불치병 환자들을 치료하겠다는 주장으로 자신의 연구가 내포한 윤리적 문제점들을 극복해 보려 했던 시점에서 이러한 지적은 많은 사람들에게 과학과 사회를 보는 눈을 뜨게 해 주었다. 과학은 많은 자원과 인력을 필요로 하는 사회 활동이라는 점에서 그 결과가 누구에게 돌아갈 것인가라는 문제에서 결코 자유롭지 못하다.

문화로서의 과학

과학은 사회 활동이면서 동시에 문화이다. 그리고 과학 문화는 나라에 따라 상당한 차이가 나타난다. 우리나라는 너무 급하게 산업화와 근대화를 이루는 과정에서 과학을 지나치게 도구로 간주하는 경향이 많아졌다. 즉, 과학은 경제 발전을 위한 도구라는 생각이 깊이 뿌리내린 것이다. 여기에는 역사적 배경이 있다. 박정희

정부는 과학을 경제 성장과 북한과의 체제 경쟁의 일환으로 삼았고, 그 과정에서 과학이 나라를 위해 동원되는 것을 당연하게 여겼다. 1960년대부터 경제개발 5개년 계획을 시작으로 과학기술 분야에 많은 투자를 했고, 70년대에는 과학입국이라는 구호를 내걸어 새마을 운동과 함께 '전 국민 과학화 운동'을 벌이기까지 했다. 그 덕분에 우리는 비약적인 경제 성장을 이루었지만, 그에 따른 부작용도 만만치 않았다. 몇 해 전에 겪었던 황우석 사태를 낳은 근본적인 원인의 상당 부분도 이 과정에서 이미 배태되었다. 그것을 '과학의 도구화'라고 이름붙일 수 있다. 과학이 경제발전을 위한 도구로 간주되는 것이다. 그 결과 '과학의 발전 = 국가의 발전'이라는 등식이 우리들 마음속에 은연중에 뿌리내리게 된 것 같다.

물론 "그게 왜 나쁘냐?"라는 물음이 나올 수 있다. 사실 근대 과학은 그 형성 과정에서 자본주의와 떼려야 뗄 수 없이 밀접한 관계가 있었고, 오늘날에는 모든 나라들이 과학 연구에 막대한 자금을 쏟아붇고 있다. 따라서 '우리도 뒤지지 않기 위해서는 어쩔 수 없지 않은가?'라고 생각할 수도 있다. 하지만 과학을 오로지 경제 발전의 도구로만 인식할 때 과학은 그 자체가 목적이 아닌 수단이 되고, 국가 간 경쟁이 격화되면서 지나친 성과주의가 과학자들의 목을 죌 것이다. 더 큰 문제는 과학에 대한 다양한 가치 부여가 불가능해지고, 경제적 가치만이 강조되는 점이다.

과학 덕분에 경제가 발전하면 좋은거 아냐?

지금까지 간략하게 과학의 다양한 맥락들을 살펴보았다. 오늘날 우리에게 과학은 문화이다. 문화로서 과학을 이해할 때 사람들이 가지는 다양한 관점이나 가치가 과학에 부여될 수 있다. 그리고 이러한 다양성이 과학을 풍부하게 만들고, 과학과 사회를 튼튼하게 이어줄 수 있을 것이다.

고전을 제대로 배운 사람은

옛것을 끌어와 당면한 문제를 해결한다.

이런 것을 통변通變이라고 한다.

《주역》에 나오는 말이다. 사물은 오래되면 변해야 한다.

변하지 않으면 통하지 않는다.

변하면 다시 통한다.

통해야만 오래 갈 수가 있다.

정민

한양대학교에서 국문학과를 졸업하고 동 대학원에서 박사학위를 받았다. 먼지 쌓인 한 적 속에서 '오래된 미래'를 찾는 작업에 몰두해 왔다. 한시 미학을 쉽게 풀어 소개한 《한시미학산책》과 《청소년을 위한 정민 선생님이 들려주는 한시 이야기》를 펴냈다. 또 18세기 조선 지식인의 사유 체계를 화두로 《비슷한 것은 가짜다》와 《미쳐야 미친다》 《다산선생 지식경영법》을 발표했다.

옛날과 지금

세상은 날마다 변한다.

하지만 따져 보면 막상 변한 것은 하나도 없다. 지금 우리가 생각하고 꿈꾸는 것을 옛사람들도 똑같이 궁리하고 소망했다. 우리를 둘러싼 물질 환경은 하루가 다르게 변한다. 하지만 희로애락, 생로병사로 이어지는 삶의 본질은 조금도 달라진 것이 없다. 어찌 보면 인생은 과거 선인들이 걸어온 길을 되풀이하는 것에 지나지 않는다. 그들이 넘어진 곳에서 우리는 똑같이 넘어진다. 그들의 시행착오를 우리는 그대로 되풀이한다. 몇백 년 전에 하던 고민을 오늘도 반복한다.

사람들은 인기 드라마에 열광한다. 그 많은 드라마가 가만히 살펴보면 다 똑같다. 재벌 2세가 등장하고, 주인공은 늘 가난하며, 그로 인해 온갖 역경과 시련을 겪어야 한다. 삼각관계가 꼭 나오고, 방해꾼이 있다. 출생의 비밀이 있고, 교통사고나 기억 상실증이 양념처럼 들어간다. 그러다가 우여곡절 끝에 해피엔드로 끝난다. 역사극의 경우도 이 공식은 거의 그대로 유지된다. 드라마마다 설정과 배경만 조금씩 다를 뿐 본질적인 내용은 다를 게 없다. 이 드라마에서 조역으로 나오는 사람들이 다른 드라마에서도 똑같이 되풀이해 등장한다. 그런데도 사람들은 그 뻔한 이야기에 애를 태우고 환호한다.

지금 사람들이 주말마다 TV 앞에 앉는 것 이상으로 옛사람들은 고전 드라마와 소설을 읽으며 탄식하고 환호하며 삶의 시름을 잊었다. 고전 소설에서도 똑같이 훌륭한 가문의 후손이 온갖 역경과 시련을 이겨 내고, 악인의 간계에 맞서 이를 분쇄하여 마침내 행복을 쟁취하는 권선징악의 주제가 등장한다. 옛날과 지금이 다를 것이 하나도 없다.

지금도 드라마에 열광하는 폐인들이 있다. 때로 극중 인물과 배우를 혼동하여 한바탕 소동이 벌어지기도 한다. 예전에도 그랬다. 주인공이 간신의 모함을 받아 위기에 처하게 되면 안타까운 탄식에 땅이 꺼졌고, 그들의 고난에 공감하며 눈물을 줄줄 흘리고 발을 동동 굴렀다. 조선 시대에는 악인이 끝내 착한 주인공을 죽이자, 흥분한 청중이 소설을 읽어 주던 이야기꾼을 칼로 찔러 죽인 실제 사건도 있었다. 조선 시대 소설의 폐인도 지금 드라마의 폐인 못지않았던 것이다.

오늘과 옛날의 차이는 고작해야 대학 입시와 과거 시험의 차이에 불과하다고 나는 생각한다. 젊은이들이 고시에 패스해서 판검사가 되기를 꿈꾸거나 대기업에 취직하기를 소망하는 것은 예전 젊은이들이 과거 급제에 본인과 집안의 명운을 걸었던 것과 마찬가지이다.

지금 사람들이 드라마를 좋아하는 것과 옛사람들이 소설에 열광했던 것도 따지고 보면 다를 게 없다. 삶의 본질은 하나도 변하지 않았다. 아니 변할 수가 없다.

어째서 역사의 격랑 앞에서 보여 주는 인간들의 반응은 고금에 한결같이 똑같을까? 그런데도 왜 사람들은 지나간 역사의 기록 속에서 삶의 교훈을 얻으려 하지 않을까? 왜 사람들은 《금오신화》를 읽으라고 하면 시큰둥하면서, 〈천녀유혼〉이나 〈사랑과 영혼〉 같은 영화를 보면서는 감동을 받을까? 다 똑같은 이야기인데 말이다. 옛날과 지금은 표현 매체나 방식이 달라졌을 뿐 그 내용은 본질적으로 똑같다.

〈사랑과 영혼〉 재미 있었어!

고전의 매력

고전이란 과거로부터 누적되어 쌓인 삶의 지혜다. 과거는 '오래된 미래'다. 지나간 시간 속에 현재의 문제가 있고, 미래의 해답이 있다. 과거로부터 차곡차곡 누적되어 온 삶의 지혜가 그대로 이전될 수만 있다면 얼마나 좋겠는가.

우리가 고전을 공부하는 까닭은 현재와 미래를 위해서이지 과거를 위한 것이 아니다.

나는 대학에서 고전 문학, 그것도 한문학을 강의하는 고전학자다. 매일 읽고 보는 책은 한자투성이의 한적漢籍들이다. 그러면 나는 어떻게 고전 공부를 평생의 직업으로 삼게 되었을까? 지금까지는 그런 생각조차 별로 해 본 적이 없었다. 사람들은 내가 한문으로 된 책을 읽고 이것을 가지고 공부한다고 하면 경이로운 눈으로 쳐다본다. 어려서 서당에 다녔느냐고 묻는 사람도 많다. 글로만 읽다가 처음 만나면 내가 퍽 나이가 든 노인인 줄 알았다는 사람도 많다.

나는 서울에서 고등학교를 졸업했다. 입시 공부에 시달리다가 대학에 들어왔다. 대학에서는 꽤나 시인이 되고 싶어 열심히 습작을 하고 문학회 활동을 했던 문학 청년이었다. 서당을 다닌다거나 한문을 따로 배울 처지가 아니었다. 한문 공부는 대학원 들어와서 뒤늦게 외국어 공부하듯이 했다.

돌이켜 보면 고등학교 한문 시간이 내게 고전의 매력을 일깨워 준 첫 번째 계기였던 것 같다. 두보의 시 〈강촌江村〉을 배우는데 선생님께서 노래하듯 한시창을 들려주셨다. "처응가응일고오옥포촌류우淸江一曲抱村流하니" 하며 부르는 그 가락이 그렇게 듣기 좋았다. 집에 와서 오르간 건반을 두드려 이것을 악보로 옮겨 놓고 혼자서 따라 했다.

그 다음부터 교과서에 나오는 한시란 한시는 전부 이 가락에 맞춰 다 외웠다. 누가 시킨 것도 아닌데, 나 혼자 좋아서 외웠다. 틈만 나면 종이의 빈 여백에 내가 외운 한시를 옮겨 적는 것이 당시 내 취미였다. 무엇이 그렇게 좋아서 그랬는지는 모르겠지만, 그때는 그게 그렇게 재미있었다.

〈관동별곡〉도 학교를 오가는 버스에서만 외워 한 달여 만에 다 암송했다. 이제는 많이 잊어버렸지만, 지금도 내게 몇 시간만 주면 막히지 않고 전부 다 외울 자신이 있다. 〈상춘곡〉과 이런저런 시조 작품들도 다 외웠다. 흥취에 젖어 외우다 보면 옛사람들의 풍류와 가락이 리듬을 타고 생생하게 전해져 왔다.

고전의 매력에 눈을 뜬 두 번째 계기는 뒤늦게 대학교 4학년 여름에야 찾아왔다. 학과에서 한문 특강이 개설되었다. 외부에서 한문 선생님을 모셔 와서 여름 방학 특강을 했다. 고등학교 때 한시도 줄줄 외울 정도였기 때문에 나는 내가 한문을 꽤 잘하는 줄 알았다. 처음 한 주는 서예반 탁본 여행 때문에 수업에 빠졌다. 그 다음 주에야 처음 나갔다. 첫 줄 가운데 자리에 앉았다.

당시 한문 강의를 맡으셨던 이기석 선생님은 《맹자》 강의를 하고 계셨다. 구절마다 소리를 내서 읽게 하고는 하나하나 짚어 가며 해석을 시키셨다. 선생님께서 물어보셨지만 막상 하나도 대답하지 못했다. 자존심이 너무 상했다. 그때부터 선생님을 모시고 본격적으로 한문 공부를 시작했다. 대학원에 진학하면서는 누가 시키지 않았는데도 자연스레 고전 문학 전공을 선택했다.

처음에는 덤벙대며 덤비기만 했던 나를 선생님은 차분하게 가라앉혀 주셨다. 공부를 하다가 해석이 안 되어 여쭈면 "사전을 찾아 봐!" 하셨다. "찾아봤는데요?" "다시 찾아봐." 그래서 사전을 찾으면, "무슨 뜻이 있지?" 하고 물으셨다. 이런저런 뜻이 있다고 말씀 드리면 "거 봐. 거기 있잖아." 하셨다. 뜻은 꼭 뒤쪽에 숨어 있곤 했다. 이렇듯 나는 선생님의 큰 사랑을 많이 입었다. 나 또한 선생님을 정성껏 모셨다.

나중에 선생님이 돌아가신 뒤에 선생님이 쓰시던 옥편을 보고 많이 울었다. 선생님의 옥편은 하도 많이 찾아서 종이마다 말려 올라가 더 이상 쓸 수 없을 만큼 누더기가 되어 있었다. 선생님도 이렇게 찾고 또 찾으셨구나, 나는 더 열심히 해야겠다, 이런 자각이 물밀듯 밀려왔다.

선생님께서 쓰시던 옥편을 가져와서 다리미로 한 장 한 장 다려서 폈다. 그러고는 내 책상 앞에 고이 모셔 놓았다. 그로부터 10여 년이 지나 그 옥편과 비슷하게 낡아 못 쓰게 된 내 옥편을 선생님의 옥편과 나란히 포개 놓을 수 있었다. 그러는 사이에 조금씩 한문 문장을 읽는 문리文理가 났다. 구문이 보이고 행간이 읽히기 시작했다.

고전에서 만난 옛사람

고전을 공부하는 길에서 참 많은 옛사람들과 만났다. 석사 논문은 선조 광해군 때의 시인이었던 권필權韠, 1569-1612을 주제로 썼다. 그는 조선 시대를 통틀어서 다섯 손가락 안에 드는 시인이었는데 광해군의 폭압을 풍자하는 시를 썼다가 임금의 노여움을 입어 곤장을 심하게 맞고 귀양 가는 도중에 죽었다. 그의 시를 가지고 한시 공부를 처음으로 시작했다. 석사 학위를 받은 뒤에도 그에 관한 공부를 계속했다. 심할 때는 잠자고 밥 먹는 시간만 빼고는 하루 열여섯, 일곱 시간씩 그에 관한 논문만 쓴 적도 있다.

그렇게 몰입하자 몇 번씩 꿈에 그가 나타났다. 그런 뒤에는 어떤 시를 읽어도 그 속이 훤히 들여다보였다. 그의 마음결까지 느껴졌다. 한 작가에 몰입해서 그를 통해 한시 전반을 살펴보는 안목을 배우고 익혔다.

박사 논문은 한시로 쓰지 않고 고전 문장론을 가지고 썼다. 한 분야만 계속하면 안목이 좁아진다고 지도 교수께서 강권하셨다. 그래서 19세기 기호畿湖 지역 문장가들의 작문 이론을 가지고 박사 논문을 썼다.

조선 중기 한시를 공부하다가 갑작스레 조선 후기 산문 이론을 공부하자니 도무지 갈피를 잡을 수 없었다. 시행착오도 많았다. 꾸준히 하고 부지런히 하자 차츰 갈래가 보이고 맥락이 잡혔다. 처음에는 스승이 원망스러웠는데, 시간이 지날수록 감사하는 마음이 커졌다. 한시를 먼저 공부하고 산문을 읽으니 행간을 분석하고 따지는 데 훨씬 더 섬세한 점이 있었다.

박사 논문을 쓰고 나서 위로 더 거슬러 올라가다가 박지원朴趾源1737-1805을 만났다. 그는 거인처럼 우뚝 서서 내 앞을 가로막았다. 나는 처음 그의 글을 읽고 큰 충격을 받았다. 너무 재미있는데, 그게 뭔지 종내 잡히지 않았다. 오래 궁리해서 무언가 잡았다 싶으면 메기처럼 손 사이로 미끄러져 나갔다. 강의 시간에 학생들과 그의 글을 읽었다. 읽을 때마다 이런저런 생각과 의문들이 꼬리를 물고 이

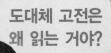

도대체 고전은
왜 읽는 거야?

고전?
아, 지루해.

맞아, 단어도 낯설고
한자도 많고
어렵기만 하잖아!

고전 속에는
옛사람의 지혜가
담겨 있대!

난 인터넷소설이
훨씬 재미있는데….

하긴, 고전을 보면
옛날이나 지금이나
삶의 모습은
비슷한 것 같긴 해!

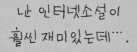

어졌다.

그는 내게 늘 생생한 질문을 던졌다. 장님이 길을 가다가 갑자기 눈을 떴다. 그러자 그는 자기 집을 찾을 수 없어 길에서 엉엉 운다. 길 가던 사람이 까닭을 묻고는, 도로 눈을 감으면 집을 찾을 수 있을 거라고 했다. 눈을 다시 감고 그는 지팡이를 더듬어 집을 찾아갈 수 있었다. 눈 뜬 장님의 이야기다. 박지원은 끝에 본분으로 돌아가라는 말을 덧붙였다. 이게 무슨 말일까? 장님 주제로 계속 살라는 뜻일까? 아니면 우선 집을 찾는 것이 먼저이니 기뻐하기에 앞서 집부터 찾아가라는 말일까?

어떤 사람이 술에 취해 신발을 짝짝이로 신고 나온다. 하인이 이 사실을 알려주자 그는 이렇게 말한다. "길 오른편에 있는 자는 내가 나막신을 신은 줄 알고, 길 왼편에 있는 자는 내가 가죽신을 신은 줄 알 테니 무슨 상관이냐? 어서 가자." 그러고는 말에 올라 집으로 갔다. 짝짝이 신발처럼 우스운 것이 없는데, 말을 타면 모두 다 제가 본 것만 가지고 반대편도 그러려니 한다. 그러니 짝짝이 신발이 문제되지 않는다. 이 우스꽝스러운 짝짝이 신발을 한눈에 알아볼 수 있는 지점은 어디인가?

이명 때문에 귀에서 피리 소리가 나면 나는 들어도 옆 사람은 못 듣는다. 잠을 자다가 코를 골면 옆 사람은 다 들어도 나만은 못 듣는다. 이명증이 있는 사람은 제 귀에서 나는 피리 소리를 남이 못 듣는다고 안타까워한다. 코 고는 사람은 남이 시끄럽다고 흔들어 깨우면 내가 언제 코를 골았느냐며 성을 낸다. 귀울음과 코골이, 어느 것이 더 문제인가?

그는 늘 이런 식으로 질문을 던졌다. 쉴 새 없이 던져대는 이런 수수께끼 같은 질문 앞에 나는 완전히 압도당했다. 한문 원문을 들고 밤새 궁리하다가 새벽녘에 아파트 놀이터로 나가서 이슬에 젖은 그네에 앉아 원문에 메모를 하고 이런저런 생각을 적곤 했다. 30대의 박지원이 쓴 글을 당시 비슷한 또래였던 내가 이해하지 못해 쩔쩔매는 모습이 안쓰러웠다. 박지원의 산문 한 편 한 편에는 그런 고민의 시간들이 켜켜이 녹아 있다. 그의 글을 읽을 때마다 그 안타까운 고심의 풍경들이 생생하게 떠오른다.

최근에는 정약용丁若鏞, 1762-1836의 인간과 학문에 푹 젖어 지낸다. 그는 강진에 18년간 귀양가 살면서 수백 권의 저서를 남겼다. 경이로움을 넘어 경악할 만한 성과를 남겼다. 남 같으면 벌써 낙담해서 폐인이 되었을 그 긴 시간에 그는 빛나는 학문의 금자탑을 세웠다.

나는 18세기 지식인의 왕성한 지적 호기심과 지식 경영에 대한 논문을 작성하다가 정약용을 새롭게 만났다. 그는 너무나 현대적 감각을 갖춘 지식경영가요, 탁월한 편집자였다. 어떤 복잡한 문제도 그 손에 걸리면 너무도 쉽게 풀이되어 일목요연해졌다. 그는 그 많은 일을 혼자 하지 않고, 제자와 자식들에게 역할을 분담시켜 집체 작업 방식으로 효율성과 창의성을 살려냈다. 그는 늘 진지했고, 따뜻한 마음씨를 잃지 않았다. 박지원이 다분히 풍자적이고 냉소적인 것과는 성향이 전혀 달랐다. 박지원은 툭 터진 거인의 풍모를 보여 주고, 정약용은 꼼꼼하고 자상한 아버지 같다. 두 사람은 달라도 한참 다른데, 그 다른 점이 모두 내게 큰 스승이 되었다.

고전을 공부하면서 만난 옛 사람은 수없이 많다. 그중에서도 권필과 박지원, 정약용 등 세 분은 특히나 내 공부에 큰 영향을 미쳤다. 이들과 만나고 나서 나는 참 많이 변했다. 권필은 그 곧은 삶의 태도와 매서운 성정으로 불의와 타협할 줄 모르는 정신을 내게 일러 주었다.

박지원은 생각의 방법과 생각의 힘이 갖는 위력을 몸소 몸으로 보여 주었다. 박지원을 만나고 나서 나는 생각하는 방식도, 글쓰기의 태도도 다 바뀌었다. 나는 그처럼 글을 쓰고, 그와 같이 생각하고 싶었다. 몇백 년 전에 죽은 옛사람의 글이 오늘의 내 삶에 이렇게 직접적으로 간섭하고 영향을 주는 것이 처음에는 아주 이상하게 느껴졌을 정도였다.

정약용은 위대한 스승답게 문제를 해결하는 온갖 과정을 꼼꼼하게 제시해 주었다. 그의 효율적인 작업 방식과 정보 수집과 정리 방법은 지금까지 내가 해왔던 방법과 아주 비슷했다. 친밀감을 느꼈다. 그의 저작을 살펴보면서 나는 그가 어떤 과정을 통해 이런 작업을 해낼 수 있었는지 대번에 알아챌 수 있었다. 그는 천재이기에 앞서 대단한 노력가였다. 앉아서 열심히 공부만 하다 보니 방바닥에 닿은 복사뼈에 세 번이나 구멍이 났다. 혹독한 시련을 그는 새로운 기회로 만들었다. 좌절하지 않고 떨쳐 일어나 커다란 업적을 남겼다.

이 세 분 스승과 만나 내 삶의 눈길은 깊어지고 안목은 넓어졌다. 누가 옛사람을 죽은 사람이라고 말할 수 있겠는가?

고전에서 무엇을 배울까?

고전을 공부하는 일은 옛사람들과 대화를 나누는 일이다. 이미 가시덤불로 뒤덮여 막힌 길에 소통의 경로를 여는 과정이다. 이미 흙으로 돌아간 옛사람을 글을 통해 만나 살아 숨쉬는 그들의 호흡을 느끼는 것은 얼마나 멋진 일인가? 고전은 시간 속에서도 그 가치가 조금도 바래지 않는다. 나날이 새롭고 언제나 새롭다. 고전을 통해서 우리는 시간과 공간적 제약을 뛰어넘어 과거와 직접 소통한다.

옛날은 그때의 지금이고, 지금은 훗날의 옛날이다. 시간은 흘러가고 삶의 양태는 끊임없이 변한다. 이때 옛날이란 고정불변의 가치가 아니다. 옛사람은 남을 따라 하지 않고 자기만의 목소리를 내서 고전이 되었다. 지금 내가 그들의 자취를 제대로 배우는 길은 그들을 그대로 흉내 내지 않고, 그들이 그랬던 것처럼 나만의 목소리를 내는 것이다.

그래야 훗날 사람들이 내가 한 것을 두고 고전이라고 부를 것이다. 변치 않는 옛날이 되려면 변해야 한다. 그 변화 속에서 변치 않는 삶의 본질을 꿰뚫는 지혜가 샘솟아 난다.

우리가 옛것에서 배울 것은 본질이지 현상이 아니다. 정신의 원리이지 삶의 형식이 아니다. 모방에는 두 가지가 있다. 겉모습은 비슷한데 알맹이가 다른 모방이 있고, 알맹이는 같지만 겉모습은 전혀 다른 모방이 있다. 우리가 추구해야 할 것은 후자다. 형식은 달라도 본질은 같은 것이 진짜다. 겉보기는 똑같은데 알맹이가 다른 것은 가짜다. 옛사람은 이것을 상동구이相同求異라고 했다. 같음을 지향하되 다름을 추구한다는 말이다. 같음을 지향한다는 말은 그 정신의 원리를 두고 하는 말이고, 다름을 추구한다는 말은 그 형식의 새로움을 일컫는 말이다.

지금 한시를 배우는 것은 한시를 짓기 위해서가 아니다. 한문을 배우는 것은 그 안에 담긴 정신을 배우기 위해서지 한문 문장가가 되기 위해서가 아니다. 그런 것은 이미 아무 쓸 데가 없다. 고전은 현재와 소통할 때만 가치가 있다. 형식에 집착해서 본질을 놓치면 아무런 보람이 없게 된다. 고전을 제대로 배운 사람은 옛것을 끌어와 당면한 문제를 해결한다. 이런 것을 통변通變이라고 한다. 《주역》에 나오는 말이다. 사물은 오래되면 변해야 한다. 변하지 않으면 통하지 않는다. 변하면 다시 통한다. 통해야만 오래 갈 수가 있다.

만고불변의 진리는 없다. 변치 않는 가치란 존재하지 않는다. 옛날을 공부해서 과거로 돌아가자고 하는 것은 바른 태도가 아니다. 한복만 해도 시대에 따라 바뀌어 왔다. 삼국 시대 고구려 고분 벽화 속의 복장과 조선 시대 한복은 달라도 한참 다르다. 지금 사람들이 즐겨 입는 생활 한복도 조선 시대 한복과는 같지 않다. 전통이란 이렇게 끊임없이 변화해 오는 과정 속에 놓여 있다. 한복의 원형이란 애초에 존재하지 않는다.

정말 원래 상태를 찾으려 한다면 아예 원시 시대로 돌아가서 풀

잎으로 몸을 가린 것을 한복의 원형으로 삼아야 할 것이다. 그런데도 사람들은 한복의 원형이 따로 있다고 착각한다. 한복뿐만이 아니다. 우리 고유의 어떤 원형이 있을 것으로 믿어 그것을 찾아 나선다. 하지만 그런 것은 없다. 다만 그때그때 변화해 가는 과정이 있을 뿐이다.

이렇게 본다면 고전을 공부하는 것은 결국 변해야 할 것과 변해서는 안 될 것을 분간하는 과정이기도 하다. 열심히 변해도 이 분간을 잘못하면 안 된다. 바꿔야 할 것을 고집하고, 바꿔서는 안 될 것을 바꾸면 결과가 엉망이 된다. 바꿔야 할 때 바꾸고, 지켜야 할 때 지킬 줄 알아야 한다. 공부를 통해 그것을 보는 안목과 기준을 세울 수 있어야 한다.

동서남북은 변치 않는 가치다. 하지만 전후좌우는 그때마다 다르다. 내 앞은 앞사람에게는 뒤가 된다. 내 왼쪽은 옆 사람의 오른쪽이다. 하지만 해는 언제나 동쪽에서 떠서 서쪽으로 진다. 북극성은 늘 일정한 위치에 떠 있다. 사람은 동서남북과 전후좌우를 잘 분간해야 한다. 동서남북을 전후좌우를 알아도 안 되고, 전후좌우를 동서남북으로 착각해서도 안 된다.

생각을 조금만 바꾸면 모든 옛것은 다

역시 고전도 내 머리로 생각하고 판단해야 하는 거로군!

새것이 된다. 당나라 때 유명한 문장가 한유^{韓愈}는 "풍부해도 한 글자도 남아서는 안 되고, 간략하지만 한 마디도 ˋ빠뜨려서도 안 된다."고 말했다. 좋은 글이란 이렇게 한 글자조차 보탤 수도 뺄 수도 없는 글이다. 한문으로 쓰면 '풍이불여일자豊而不餘一字, 약이불실일사約而不失一辭' 다. 한문으로 쓰면 도대체 무슨 말인지 알 수 없지만, 우리말로 풀어쓰면 글 쓰는 사람이 늘 마음에 새겨야 할 귀한 가르침이 된다.

고전은 대부분 알아들을 수 없는 한문으로 되어 있다. 하지만 그 안에 담긴 콘텐츠를 쉽게 풀이하면 오늘날에도 여전히 유용하고도 소중한 일깨움을 준다. 고전은 생각처럼 고리타분하지 않다. 형식에 집착하는 사람들은 옛것을 따분하다고 말한다. 하지만 알맹이를 가려낼 줄 아는 사람은 해묵은 옛날에서 늘 새로운 가치를 찾아낸다.

> 고인도 날 못 보고 나도 고인 못 뵈
> 고인을 못 뵈어도 가던 길 앞에 있네
> 가던 길 앞에 있거든 아니 가고 어이리.

이황 선생의 시조다. 비록 옛사람과 맞대면할 수는 없지만 남긴 글을 통해 우리는 그와 만날 수 있다. 가야 할 떳떳한 길이 훤히 보이는데 어찌 그 길을 가지 않을 수 있겠는가. 천고를 벗 삼는다는 상우천고^{尙友千古}란 바로 이를 두고 하는 말이다.

우연찮게 들어선 고전 공부의 길에서 나는 옛사람을 통해 늘 새롭게 채워지는 나와 만난다. 고전은 이미 용도폐기된 화석 같은 것이 아니다. 박물관으로 보내야 할 케케묵은 골동품은 더더구나 아니다. 옛 책을 펼칠 때마다 나는 경이에 가득 차서 그 새로움으로 낡고 진부한 현실을 들여다본다.

나는 더 많은 젊은이들이 고전의 바다에서 무진장한 생각의 보석들을 건져 올리게 되기를 바란다. 금강석처럼 강인한 열정과 날마다 새로워지는 일신우일신日新又日新의 지혜를 배워 귀 밝고 눈 맑은 지성으로 거듭나기를 희망한다.

우리의 인생은 선택이라는 점으로 이루어진 선이라고 할 수 있다.

우리는 그 선으로 아무런 형태도 짓지 못하고

그저 무수히 어긋나는 선만 그릴 수도 있고,

면을 만들 수도 있으며, 3차원의 세계를 창조할 수도 있다.

가치관으로 말걸기

나의 선택이 우리의 선택이
될 수 있게!

안철수

서울대학교 의과대학을 졸업하고 동 대학원에서 의학박사 학위를 받았다. 1988년 서울대 의대 박사 과정 중에 만난 '브레인 바이러스 퇴치'를 계기로 컴퓨터 바이러스 백신 개발에 주력하다 1995년 안철수 컴퓨터바이러스연구소를 설립하였다. 쓴 책으로는 《바이러스 분석과 백신 제작》《별난 컴퓨터 의사 안철수》《CEO 안철수, 영혼이 있는 승부》《CEO 안철수, 지금 우리에게 필요한 것은》 등이 있다.

선택 앞에서는 과거에 연연하지 말자

인생은 선택의 연속이라고 한다. 하루하루를 봐도 식사 메뉴를 결정하는 사소한 선택에서부터 인생을 좌우하는 중요한 결정에 이르기까지, 우리는 수많은 결정을 해야 하고 그때마다 선택의 순간에 서 있게 된다. 어느 광고 문구처럼 '순간의 선택'이 평생을 좌우하기도 하고, 식사 메뉴처럼 단지 일회성의 영향밖에 주지 않는 선택도 있다.

우리의 인생은 선택이라는 점으로 이루어진 선이라고 할 수 있다. 우리는 그 선으로 아무런 형태도 짓지 못하고 그저 무수히 어긋나는 선만 그릴 수도 있고, 면을 만들 수도 있으며, 3차원의 세계를 창조할 수도 있다. 그 결과는 선택 자체도 큰 영향을 미치겠지만, 선택을 하기까지 얼마나 고민하였고, 선택 후에 얼마나 열심히 노력했느냐에 따라서도 달라진다고 생각한다.

나는 어릴 적부터 기계나 전자부품 만지는 것을 좋아했다. 적성만 생각하면 공대로 가는 것이 맞았을 것이다. 의사이신 아버님도 이러한 나를 잘 알고 있었기에 굳이 의사가 되라고 말씀하지 않으셨다. 내가 바라는 대로, 가고 싶은 길을 가라고 말씀하셨다.

그러나 고등학교 때 나 스스로 의과대학에 가기로 결심했다. 부모님들이 내게 부담을 주지 않기 위해서 말씀은 안 하셨지만, 의대에 가기를 바라신다는 것은 알고 있었다. 내게 얼마나 많은 것을 무조건적으로 베풀어 주셨는지를 생각하면서 스스로 그런 결정을 내린 것이다.

대학을 다니면서 했던 고민은 전공에 관련한 것이 아니었다. 배운 사람으로서, 의학도로서 세상에서 해야 할 일이 무엇인지, 내가 어떻게 살아야 하는지 고민하기 시작했다. 사회에서 살아가며 접하는 수많은 문명의 이기들은 선조들로부터 쌓여온 지식들과 동시대를 살아가면서 산업현장에서 열심히 일하는 사람들의 노력이 담겨져 있는 것이라고 생각했다. 사회를 살아가는 한 일원으로서, 이러한 혜택을 일방적으로 받기보다는 내가 할 수 있는 일을 함으로써 받은 일부라도 돌려주는 역할을 하고 싶었다.

그러한 동기에서 신자는 아니었지만 가톨릭 학생회에 가입했다. 토요일이면 구로동으로 가서 의료봉사 활동을 했고 방학 때면 무의촌을 찾아갔다. 가난하고 병든 사람들, 삶의 무게에 짓눌려 얼굴에 짙은 그늘이 깔려 있는 사람들을 보면서 냉혹한 현실 세계를 접할 수 있었다. 진료소에 올 수조차 없을 만큼 운신이 힘든 환자들을 찾아서 집으로 왕진을 갔을 때는 더욱 답답한 광경들을 많이 보았고, 돌아오는 어두컴컴한 골목길에서 혼자 눈물을 흘린 적도 많았다.

의대를 졸업할 때가 되자 다시 중요한 선택의 기로에 섰다. 직

그래! 우리 는 항상 '선택'에 직면해!

접 환자를 돌보는 의사가 될 것이냐, 연구직을 택할 것이냐는 문제였다. 깊은 고민 끝에 연구직을 택하고, 인체에 대한 근본적인 연구를 하는 생리학 교실에 들어갔다.

환자를 보는 의사 대신 연구직을 선택한 것은, 환자 한 사람 한 사람을 도와주는 것도 의미 있는 일이지만, 사람의 몸에 대한 근본적인 연구를 통해서 병의 원인을 밝히는 데 기여할 수 있다면 보다 많은 사람들에게 도움이 될 것이라는 생각 때문이었다. 또한 연구직에 종사한다면 학생 때부터 틈틈이 공부해 온 컴퓨터 실력을 잘 발휘할 수 있을 것이라는 생각도 있었다.

생리학 교실에 들어간 나는 그동안 배우지 못했던 새로운 공부를 시작했다. 생리학 중에서도 전기생리학이 전공이었으므로 그것과 관련이 있는 전자공학과 선형대수, 미분방정식, 물리, 화학들을 혼자 공부했다. 그것은 새로운 선택 뒤에 반드시 따라야 하는 노력이었다.

살아 있음을 증명하기라도 하듯 중요한 선택이 계속 내 앞에 펼쳐졌는데, 내 인생에서 가장 큰 변화를 가져온 선택은 바로 의사의 길을 버리고 경영인의 길로 들어선 일이다.

서울 올림픽이 열리던 해인 1988년 초에 컴퓨터 소식지를 통해서 브레인 바이러스라는 것이 전 세계에 피해를 입히고 있다는 것을 알았다. 내 컴퓨터도 감염되었다는 사실을 안 것은 그 직후였다. 브레인 바이러스가 내 디스켓 안에 자리를 잡고 앉아 마치 주인이라도 된 것처럼 디스켓의 이름을 자신의 이름으로 바꿔 놓았던 것이다. 처음에 그놈을 발견했을 때는 등골이 오싹해지기까지 했다.

시키지도 않은 짓을 한 그놈의 정체를 알아내기 위해 우선 그 속을 뜯어보기로 했다. 마침 기계어를 공부하고 있던 중이었으므로 대략의 원리를 알아낼 수 있었다. 그 당시 우리나라의 거의 모든 컴퓨터가 감염되었을 정도로 피해가 컸는데도 컴퓨터 바이러스에 대한 대비책은 전무한 실정이었다.

그때가 의대 박사과정 중이었는데 컴퓨터 바이러스를 분석한 지식을 바탕으로 퇴치할 수 있는 백신 프로그램까지 직접 만들게 되었다. 국내에서 처음이었고, 지금 글로벌 기업으로 성장한 유수한 기업들보다도 1년 정도 앞서는 시기였다.

지금의 글로벌 기업들과 안철수연구소가 규모 면에서 차이가 나는 이유는 글로벌 기업들은 처음부터 상업화를 목적으로 기업을 설립했지만, 나는 일반에 무료 공개를 하면서 기업화가 7년이 늦었기 때문이다. 그렇지만 회사를 일찍 만들지 않은 것에 대해서는 추호의 후회도 없다. 그 기간 동안에 백신을 무료로 보급해서 국가적인 큰 피해를 막을 수 있었으며, 지금부터 열심히 노력한다면 글로벌 기업도 따라잡을 수 있다고 믿기 때문이다.

처음 백신 프로그램을 만들었을 때만 하더라도 호기심에서 한 번 해 본 일이었지, 이 일을 계속할 생각은 없었다. 의학자로서의 내 목표가 뚜렷했으니 말이다. 그런데 한번 백신 프로그램을 만들고 나니까 계속 발견되는 신종 바이러스를 모두 해결해 달라는 요청이 나에게 들어왔다. 처음에는 당혹스러웠지만, 시간이 없다거나 힘들다는 이유로 외면할 수 없었다. 많은 사람들에게 도움이 되는 일이라는 것을 안 후에는, 나도 사회 구성원의 일원으로서 다른 사람들에게서 받은 것을 일부라도 보답할 수 있다는 사실에 너무나도 기뻤던 것이다.

그러나 의대 박사과정 학생이었기 때문에 시간을 내기가 만만치 않았다. 결국 고민 끝에 매일 새벽 3시에 일어나서 새벽 6시까지 백신 프로그램을 만들고, 출근해서는 하루 종일 의학 전공 일을 하는 힘든 생활을 시작했다. 그런 생활이 7년이나 이어졌다. 그러나 언제까지나 그럴 수 있는 것은 아니었다.

1994년부터는 심각한 고민을 할 수밖에 없었다. 군의관 제대 후에는 대학으로 다시 복귀해서 대학원생들의 지도 교수를 맡게 될 텐데, 책임이 더 많아지는 것은 당연했다. 막중한 책임이 따르는 역할을 맡으면 아무리 자기 시간이라고는 하지만 책임과 상관없는 다른 일을 해서는 안 될 것 같았다. 시간을 잘 활용하여 의학에 몰두하는 것이 학생들에 대한 도리일 뿐 아니라, 한 분야에서 세계적인 수준의 학자가 되기 위해서도 필요하다는 생각이 들었다.

결정을 내려야만 하는 시기라는 판단을 한 또 하나의 이유는 갈수록 늘어나는 바이러스 때문이었다. 그 전까지는 컴퓨터 바이러스가 그렇게 많지 않았다. 두 달에 세 개 정도 나오는 상황이라 혼자서도 충분히 대처할 수 있었는데, 그때쯤 되니 1년에 70여 종으로 늘어나 더 이상 새벽에 일어나 3시간 정도 일하는 것만으로는 속출하는 바이러스를 감당할 수 없는 상황이 된 것이다.

어느 한쪽만을 집중해서 파고들어도 제대로 하기 힘든데, 둘 다 하다가는 어느 누구에게도 도움이 못 되고, 나 자신도 어느 것도 잘하지 못하는 사람이 될 수밖에 없다고 생각했다. 결국 둘 중에서 하나는 포기해야 한다는 데까지 생각이 미쳤다. 그러나 쉽게 결정할 수 없었다. 그런 상황에서 미적거리는 것은 아무런 도움이 되지 않는다는 것을 알았지만 현실은 그리 간단하지 않았기 때문이다.

그 당시 우리나라에서 바이러스나 컴퓨터 보안 쪽의 일을 하는 사람은 그다지 많지 않았고, 특히 바이러스를 연구하는 사람은 나 하나뿐이었다. 반면에 의학 쪽에는 이미 많은 인력이 있었다. 그것도 나보다 훨씬 재능 있는 사람들이 말이다. 그런 상황이라면 나를 절실하게 필요로 하는 것은 의학계가 아니라, 컴퓨터 보안 쪽일지도 모른다는 생각이 들었다.

결국 오랜 고민 끝에 나는 20대 의학박사, 20대 의대 교수로 이어지던 의학자의 길을 포기하고, 컴퓨터를 선택했다. 그것은 나름대로 가지고 있던 판단 기준에 따른 결론이었다.

어떤 일을 선택할 때는 과거를 잊어버리는 것이 중요한 것 같다. 과거에 아무리 커다란 성공을 하였든 혹은 치명적인 실패를 하였든, 그런 것들은 다 잊어버리고 항상 현실에 중심을 두고 미래를 생각하는 마음가짐이 필요하다. 그러한 마음가짐으로 선택을 하면 내 자신도 발전할 수 있고, 재미있게 일을 할 수도 있다는 생각이 들었다. 그리고 다른 사람이나 사회에 도움을 줄 수 있는 일인지를 생각해서 판단하는 것이 올바르다고 생각한다. 그래야만 자신이 발전하는 데서 성취감을 느낄 수 있다. 게다가 일에서 재미를 느끼면서 지치지 않을 수 있고, 다른 사람들에게서 인정을 받으면 보람도 느낄 수 있기 때문이다.

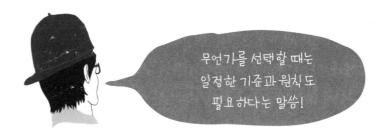

무언가를 선택할 때는 일정한 기준과 원칙도 필요하다는 말씀!

재미있게 일을 할 수 있다는 것에 큰 비중을 두지 않는 사람들도 있다. 그러나 나는 이것이 무엇보다도 중요하다고 생각한다. 재미있게 일을 할 수 있다는 것은 오랫동안 열정을 가지고 일을 할 수 있는 것과 직결된다. 아무리 성취감과 보람이 있는 일이더라도 열정을 가질 수 없다면 오랫동안 그 일을 하기는 힘들며 그 분야에서 최고가 되기는 힘든 것 같다.

그렇게 해서 나는 의대 교수 대신 보안 회사의 경영자가 되었고, 10년 동안 남들이 보기에는 나쁘지 않은 경영 성과를 거두었

다. 10년을 채우고 경영자 자리에서 물러나 두 번째 미국 유학 길에 올라 경영학 공부를 했으며 지금은 카이스트에서 기업가 정신을 가르치는 교수가 되었다.

하루가 다르게 변하는 IT 환경에서 글로벌 경쟁력을 갖추기 위한 노력은 사실 전쟁을 방불케 한다. 그 전쟁 속에서 나와 안철수연구소 직원들은 늘 '선택'하고 그 선택이 실패가 되지 않도록 몇 배씩 노력하고 또 노력했다. 그리고 내가 경영 일선에서 물러난 지금도 안철수연구소 직원들은 부단히 노력을 거듭하고 있다.

원칙은 손해를 감수하며 지킬 때 의미가 있다

2000년 '닷컴열풍'이 불었을 때 주위에서는 닷컴기업에 투자하면 돈을 벌 수 있다고 권유했다. 그러나 우리는 '핵심 역량과 관계되는 분야가 아니면 투자하지 않는다.'는 원칙을 지켰다.

반대로, 투자를 받거나 주식시장에 공개하라고 권유한 사람들도 많았다. 내 주식을 비싼 값으로 살 테니 팔라고 하는 사람들도 있었다. 그러나 그 당시 벤처기업의 평가에는 거품이 끼어 있다는 것을 알고 있었기 때문에 투자를 받지도, 주식을 팔지도 않았다.

회사로 많은 돈을 끌어들일 수도 있었겠지만, 회사의 핵심 역량에 의해서 영업이익이 나는 것이 아니라 투자 자금만 과도하게 받는 것은 장기적인 관점에서 회사에 오히려 나쁜 영향을 미친다는 믿음 때문이었다. 덕분에 안철수연구소는 '닷컴열풍' 때 자금을 한 푼도 받지 못하고 열풍을 비켜 나간 셈이지만, 지금도 그 선택이 옳았다는 믿음에는 변함이 없다.

안철수연구소가 주식시장에 공개된 것은 벤처기업에 대한 거품이 어느 정도 걷힌, 아니 과도하게 빠진 '9.11 테러' 바로 다음날이었다.

2000년이 저물어갈 때쯤, 미국 출장 중에 짬을 내서 보게 된 〈컨텐더The Contender〉란 영화에서 기대하지 못한 감동을 받았다. 영화의 줄거리는 이렇다.

미국 부통령이 갑작스럽게 죽자 한 여성 상원의원이 부통령 후보로 지목되지만, 대학교 때 섹스 파티를 열었다는 스캔들에 휘말리고 만다. 그 스캔들 때문에 여론이 불리해졌지만 정작 당사자인 그녀는 시종일관 노코멘트로 일관한다. 주변에선 부인하지 않으면 불리하다고 조언했으나 그녀는 요지부동이었다. 결국 나중에 스캔들은 사실이 아님이 밝혀지고, 대통령은 그녀에게 "왜 진작 말하지 않았느냐?"고 묻는다. 그녀의 대답은 이랬다.

"부통령에게 중요한 것은 사생활이 아니라 능력이라는 게 제 소신입니다. 스캔들이 사실과 다르다고 말하는 순간 부통령 자격과 사생활이 관련 있다는 걸 인정하는 셈이 됩니다. 정치 생명이 위협받는다고 해서 저의 원칙을 버릴 수는 없었습니다."

많은 생각을 하게 한 장면이었다. 그녀는 원칙은 손해를 감수하면서까지 지킬 때 진정한 의미가 있음을 보여 주었다. 눈앞에 보이는 이익을 과감히 버리고 원칙에 충실하면 당장은 손해인 듯 보이지만 결국 그것이 옳은 결정이었다는 것을 알게 된다.

원칙을 지키기 위해서 어떤 경우에는 용기가 필요하다. 너구나 상황이 어려울 때 원칙을 지키는 것은 매우 큰 용기가 필요하다. 혼자 손해를 보는 것은 감수할 수 있지만 남에게서 비난이나 오해를 받으면 더욱 견디기 어려운 노릇이다. 이러한 용기는 회사를 경영하다 보면 더욱 필요할 때가 많다.

외국 회사에서 천만 달러 규모의 인수를 제의해 왔을 때 눈앞의 돈에 연연하지 않고, 국내 소프트웨어 산업 보호와 직원들에 대한 책임감으로 회사를 넘기지 않았다. '내가 왜 안철수연구소를 만들었는가' 라는 본질에 충실했기에 가능한 일이었다.

회사 차원에서 보면 '핵심 가치'가 바로 지켜 나가야 할 원칙이다. 구성원 모두가 믿고 실천하는, 창업자나 CEO는 물론 구성원이 바뀌어도 지속적으로 유지되는, 사람에게 '영혼'과 같은 것이 기업의 핵심 가치이며 이것이 곧 회사의 원칙이라 할 수 있다.

만약 회사가 사라질 위기에 처했는데 회사의 핵심 가치를 어기면 살아날 비즈니스 기회가 있다고 하자. 이때 회사를 존속시키기 위해 핵심 가치를 거슬러야 할까? 나는 차라리 회사가 스스로 소멸하는 것이 옳다고 생각한다. 기업이 스스로 설정한 핵심 가치를 지키지 않았다면, 설령 그 회사가 생명을 이어가더라도 생존할 존재 이유 자체가 사라지는 것이기 때문이다.

안철수연구소는 다음과 같은 세 가지 핵심 가치를 가지고 있다.

'자신의 발전을 위해 끊임없이 노력한다.', '존중과 신뢰로 서로와 회사의 발전을 위해 노력한다.', '고객의 소리에 귀 기울이고 고객과의 약속은 반드시 지킨다.'가 그것이다. 단순한 것처럼 보이지만 이 세 가지를 충실하게, 그것도 조직원 전체가 지키는 것은 쉬운 일이 아니다.

그러나 백보 양보하더라도 안철수연구소에서 절대로 벌어지지 않을 일은 고객을 속여서 돈을 버는 일이다. 백신이 바이러스를 바이러스라고 진단하는 것은 당연하지만, 어떤 백신은 바이러스가 아닌 것을 바이러스라고 잘못 진단하는 경우가 있다. 그러나 일반 사용자들은 바이러스를 분석할 수 있는 능력이 없기 때문에, 잘못 진단하는 백신이 성능이 더 좋은 것으로 오해할 수 있다. 이 백신으로는 다른 백신에서 못 잡는 것도 잡는다는 식이다. 한술 더 떠서 사용자의 무지를 악용하여 정상인데도 치료하게 하고 돈을 청구하는 경우도 있을 수 있다.

그러나 우리 회사에서는 핵심 가치에 대해서 모두가 인식하고 있다. 이러한 역사가 쌓이다 보니 구성원 모두의 마음속에서 절대로 있을 수 없는 일, 물러날 수 없는 선에 대한 생각이 굳건히 자리잡았다. 바이러스 진단의 경우에도 여러 사람의 손을 거치기 때문에, 한 사람이 자칫 나쁜 마음을 먹는다고 할지라도 다른 사람들이 그대로 놔둘 리 없다. 회사가 망하는 일이 있더라도 절대로 물러나거나 타협할 수 없는 선에 대한 이러한 공감대는 내가 없는 상황이 되더라도 반드시 지켜지리라 확신한다.

열심히 산다는 것의 의미

2003년 이라크 전쟁이 한창일 때 한 종군 여기자가 일간지에 쓴 글이 내 마음을 사로잡았다. 치열하게 전투가 벌어지고 있는 바그다드로 이동 중인 미군 보급 부대를 따라가면서 쓴 글이다.

25일 오전 기사를 쓰고 있는데 부대를 총지휘하는 대령이 찾아와서 돌아가고 싶냐고 묻는다. 나는 바그다드까지 가서 이 전쟁의 끝을 보고 싶은 생각과 이쯤에서 워싱턴으로 돌아가고 싶은 생각이 반반이라고 솔직하게 말했다. 대령은 내 옆 자리에 앉았다.

"1976년 내가 한국의 비무장지대에서 근무할 때 북한군의 총격을 받아 팔에 부상을 입었어요. 8.18 도끼 만행 사건 직전입니다. 죽기 싫어 상관에게 남쪽으로 옮겨 달라고 했습니다. 그러자 그는 여기서 도망치면 앞으로 어려운 일이 생길 때마다 항상 도망만 다닐 것이라며 당장 나가라고 소리쳤습니다."

그 대령의 큰 눈에 눈물이 그렁그렁 맺혔다.

"당신이 '여기까지가 나의 한계다'라고 생각하고 돌아간다면 지금 그은 그 선이 평생 당신의 한계가 될지 모릅니다. 그렇지만 옳다고 판단하는 일을 하십시오. 도와드리겠습니다."

그의 눈에서 눈물이 주르륵 떨어졌다. 나는 막사 밖으로 나가 다시 불어닥치기 시작한 모래 돌풍 속에서 한참 동안을 멍하니 서 있었다. 선택할 수 있어서 너무 괴롭다.

기자의 절박한 상황을 모두 이해한다는 것은 불가능하겠지만, 그 생각을 나름대로 상상해 본다면 이렇지 않았을까? '지금 내가 부대와 함께 계속 전진한다면 목숨을 잃을 수도 있다. 그렇지만 내가 이 시점에서 포기하고 다시 신문사로 복귀를 한다면, 이것이 내 인생에서 내가 할 수 있는 최대한의 한계가 될 것이다. 내 인생에서 다시는 이러한 선을 넘을 수 있는 기회가 오지 않을지도 모르며, 이러한 기회가 오더라도 나는 다시 물러날 수밖에 없을 것이다.'

　이 글은 나로 하여금 여러 가지 생각을 하게 했다. 이러한 일은 전쟁이라는 극한 상황에서만 일어날 수 있는 일이 아니라, 인생을 살아가면서 크든 작든 선택의 순간이 다가오면 항상 일어날 수 있는 일이라는 생각이 든 것이다. 기자가 '과연 내가 여기서 물러설 것인가, 아니면 목숨을 잃을지라도 앞으로 나가서 내 인생의 한계를 한층 더 높일 기회로 삼을 것인가'라고 고민했던 것처럼, 어쩌면 인생이란 수많은 선택의 순간에 직면하면서 자신의 한계를 넓혀 가기 위해 끊임없이 노력하는 과정인지도 모른다.

　경력만 놓고 본다면 이 세상에서 나만큼 인생을 낭비한 사람도 드물 것이다. 좋은 의사가 되기 위해서 얼마나 긴 세월 동안 피땀 흘려 노력했던가? 의과대학을 들어가기 위해 열심히 공부했던 중

선택은 새로운 도전!

고등학교 시절을 빼더라도, 의과대학 6년 동안 많은 고생을 하고 석사, 박사 학위 받고 군의관 갔다 오느라 14년이라는 세월을 보냈지만, 지금껏 해 온 IT 분야나 경영과는 아무런 관련이 없다.

그뿐인가? 새벽에 일어나 잠을 설치면서 10년 이상을 갈고 닦았던 프로그래밍 기술들은 CEO 시절의 경영 판단이나 경영학 교수로서 학생을 가르치는 데는 직접적인 도움을 주지 못한다. 즉 현재 내가 하고 있는 일과의 직접적인 연관 관계만을 놓고 본다면, 과거의 수많은 시간과 노력들은 모두 헛된 것이라고 볼 수도 있을 것이다.

그러나 열심히 산다는 것의 의미는 그런 것이 아닌 것 같다. 먼저 하는 공부나 일이 다음에 할 공부나 일과 밀접한 관련이 있도록 인생을 계획해서 살 수 있다면 가장 효율적인 삶을 살 수 있을 것이다. 그러나 지금 하고 있는 일이 장래에 얼마나 잘 쓰일 수 있을 것인가 하는 것보다 더 중요한 것은 지금 주어진 일에 얼마나 최선을 다하고 얼마나 열심히 살아가느냐는 생활 태도라고 생각한다.

의과대학 시절의 지식은 지금의 나에게는 직접적인 도움을 주지 못한다. 그러나 의과대학 시절에 몸에 밴, 열심히 살아가는 태도와 끊임없이 공부하는 습관은 지식보다 훨씬 값진 것이 되었다. 또한 주말마다 구로동에 가서 봉사 진료를 하고 방학 때면 무의촌을 다니면서 환자들을 돌보던 소중한 경험은 함께 살아가는 사회에서 구성원들의 역할에 대해 많은 것을 생각하게 해 주었다. 깜깜한 새벽 3시면 일어나서 모포와 커피로 한기를 쫓으며 정신없이 백신 프로그램을 만들었던 시간들은 매 순간을 열심히 그리고 열정적으로 살아가도록 만들어 주었다.

군대 시절도 마찬가지였다. 직업 군인이 아닌 의무 복무하는 입장에서, 일을 열심히 한다고 해서 개인적으로 이득이 되는 것은 없다. 오히려 일 많이 하는 사람에게 일이 더 주어지고, 일 안 하는 사람은 편안히 자기 개인 시간을 가질 수 있는 경우도 많았다. 나도 3년 복무 기간 중 첫 1년은 다른 사람들과 다를 바가 없었다.

그러나 어느 순간에 그렇게 살면 안 되겠다는 생각이 들었다. 나에게는 아무런 의미가 없고 나오는 상관이 없는 일일지라도, 내가 맡은 일이라면 열심히 해야겠다는 생각이 들었다. 지금 내게 주어진 일에 최선을 다하지 않는 사람은, 다른 일이 주어지거나 더 좋은 환경으로 바뀐다고 할지라도 다시 다른 핑계를 대고 최선을 다하지 않을 것이라고 생각했다.

주어진 일이 내가 하기 싫은 일이라도 최선을 다해야 한다는 생각은 학생 때 싹튼 것이었다. 26년이라는 기나긴 세월을 학생으로 지내다 보니 인생의 거의 대부분이 시험의 연속이었다. 예를 들어서 영어 시험과 수학 시험을 순서대로 쳐야 한다면, 영어 시험 때가 되면 억지로 해야 하는 영어 공부는 너무나 하기 싫은 반면에 책꽂이에 꽂혀 있는 수학책을 뒤져 보면 아주 재미있을 것 같은 생각이 들었다. 그러나 정작 영어 시험이 끝나고 수학 시험을 쳐야할 때가 되면 수학 공부는 재미가 없어지고 반대로 영어가 재미있어 보였다.

이러한 경험이 반복되면서 깨달았던 것은, 지금 내게 주어진 일에 최선을 다하지 못하는 사람은 더 재미있는 일이 주어지고 더 좋은 환경으로 바뀐다고 할지라도 또 다른 핑계가 생기고 최선을 다하지 못한다는 것이었다. 반면에 아무리 하기 싫고 나와 상관없는 일이라고 할지라도 일단 주어진 일에 최선을 다하는 사람이라면, 상황이 좋아질 때는 더 잘 해낼 수 있으리라 생각한 것이다.

얼핏 보면 인생을 허비하는 것 같은 군대 시절조차 열심히 살았던 생활 태도, 긍정적인 사고방식, 고생했던 기억과 보람은 지금까지도 고스란히 내 몸속에 남아 있다.

어떤 분들은 내가 의과대학을 나오지 않고 공대나 경영대를 나왔다면 더 빨리 더 큰 성공을 했을 것이라는 덕담을 해 주시곤 한다. 그러나 나 스스로는 의과대학을 나왔기 때문에 여기만큼이라도 올 수 있었다고 생각한다. 의대에서 얻은 지식이 아니라, 의대를 다니면서 나 나름대로 깨우친 삶에 대한 생각과 태도가 오늘의 나를 만든 것이기 때문이다.

그렇지만 주어진 상황에서 최선을 다하라는 것이 그 상황을 무조건적으로 수용하라는 의미는 아니다. 당장 자신에게 이롭든 이롭지 아니하든 자기에게 주어지고 자기가 해야만 하는 일이라면 그 상황에서 최선을 다해서 자신의 책임을 완수하는 것이 옳다는 것이다. 자신이 선택할 수 있는 상황인데도 불평만 하고 남의 일처럼 적당히 처리하고 넘어가는 것은 자기 자신을 위해서도 바람직하지 않은 일이다. 심사숙고하여 판단하고 다른 선택을 위한 행동으로 옮기거나, 그것이 아니라면 자신에게 주어진 일에 최선을 다하는 것이 올바른 삶의 방식이라고 생각한다.

우리 모두는 결국 자기 인생의 CEO인 셈이다. 우리는 남의 인생을 대신 살아 주는 것도 아니며, 어린 학생들처럼 부모님의 성화에 못이겨 혹은 부모님을 위해서 공부해 주는 것도 아니다. 자기가 처한 상황에 대해서 불평만 한다면 결국 손해 보는 것은 자기 자신밖에 없다. 불평은 자신의 인생만 낭비하는 일이다. 선택할 수 없는 상황이라고 할지라도 어떻게 거기에서 가치 있는 것을 거르고 자기 나름대로 할 수 있는 일을 하는가가 중요한 것이라고 생각한다.

삶을 살아가면서 중요한 것은 '무엇을 했느냐'가 아니라 '어떻게 살았느냐'인 것 같다. 지난 시간이 현재 살아가는 데 얼마나 도움이 되는 인생을 살았느냐가 중요한 것은 아니다. 설사 지금의 모습과 아무런 상관없는 일을 했더라도 얼마나 치열하게 열심히 살았느냐가 더 중요한 것 같다.

그래서 나는 생각한다. 어떤 일을 하든지 열심히 사는 것 자체가 그 사람을 만들어 가는 것이라고. 그 치열함은 결국 그 사람의 피 속에 녹아들어 가고 그 사람의 몸속을 흐르게 되는 것이라고. 열심히 산다는 것의 의미는 그런 것이 아닐까?

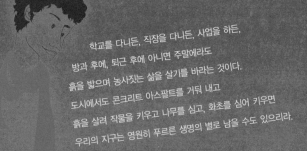

학교를 다니든, 직장을 다니든, 사업을 하든,

방과 후에, 퇴근 후에 아니면 주말에라도

흙을 밟으며 농사짓는 삶을 살기를 바라는 것이다.

도시에서도 콘크리트 아스팔트를 거둬 내고

흙을 살려 작물을 키우고 나무를 심고, 화초를 심어 키우면

우리의 지구는 영원히 푸르른 생명의 별로 남을 수도 있으리라.

안철환

(사)전국귀농운동본부 홍보출판위원장이며 안산 바람들이 농장 대표이다. 쓴 책으로 《도
시농부들 이야기》 《내 손으로 일구는 유기농텃밭》(공저)이 있고 옮긴 책으로 《생태도시
아바나의 탄생》이 있다.

농사는 나누는 기쁨

출판사에 다닐 때 제일 즐거웠던 기쁨 중 하나는 내가 만든 그야말로 따끈따끈한 새 책을 가까운 지인들에게 나눠 주는 것이었다. 그런데 그게 왜 그렇게 기뻤는지 뜬금없이 생각해 보면 금방 이유가 떠오르질 않았다. 그러던 중에 사업을 시작한 친구의 개업 사무실에 들렀던 적이 있다. 베어링을 취급하는 사업이었다. 구슬만 한 베어링에서부터 집채만 한 베어링까지, 베어링이라면 뭐든지 취급하는 사업이었다. 그 많은 베어링을 보고 나는 친구에게 농담 한마디를 던졌다.

"출판사에 손님이 찾아오면 책을 선물로 주는 게 일인데, 너는 손님이 왔다고 선물로 베어링을 주는 일은 없겠구나."

친구와 나는 함께 웃었다.

그렇게 웃음으로 넘겨 버린 주는 기쁨의 실체를 나는 농사를 짓고서야 비로소 알게 되었다. 농사만큼 생산성이 높은 일이 또 있을까. 볍씨 한 알을 심으면 천 알이 넘는 수확을 얻을 수 있으니 돈으로 치면 1천 배 넘는 수익을 얻는 것이므로 누구나 농사를 지어 떼돈을 벌 일이다. 그렇지만 농사를 지어 떼돈을 벌 확률은 복권 당첨될 확률보다 떨어지는 게 현실이다. 돈으로 환산하면 그렇게 농사는 보잘것없는 일이 되고 만다.

하지만 원래 농산물은 돈 주고 사고파는 상품이 아니었다. 나와 내 가족이 먹고 남는 것을 내다 팔거나 이웃과 나눠 먹었다. 그렇다고 농사가 내 가족 먹을거리 생산하는 게 우선이라고 할 수는 없다. 내 가족 먹을거리 생산도 중요하지만 남을 위해 나눠 먹는 일도 그 못지않게 중요하다. 왜 그럴까?

농사는 나눔이 생명이다. 그 이유는 종자를 보면 알 수 있다. 종자는 한곳에서 오랫동안 재배하면 퇴화한다. 순수 계통으로만 이어지면 환경 적응력이 떨어지는 것이다. 근친교배로 인한 퇴화 현상과 비슷하다고 보면 된다. 그래서 가끔씩 종자는 옆 마을과 나눠야 한다. 나눠야 하는 다른 이유는 나 혼자만 종자를 가지고 있다가 혹시라도 잃어버리는 날에는 끝장이기 때문이다. 옛 조상들이 종자를 베갯잇 속에다 보관한 것은 남한테 빼앗길까 우려해서가 아니라 그만큼 소중하게 여겼다는 것과 그만큼 탁월한 보관 장소도 없었기 때문이다. 그러니까 나누는 것이 곧 내 종자, 내 생명을 지키는 일과 같은 것이다.

역시 나눔을 속성으로 하는 것은 높은 생산력이다. 농사를 지어 본 사람은 알겠지만 수확을 해 보면 그것을 모두 나와 내 가족만 먹기에는 지나치게 넘친다. 양도 많지만 질도 다양하다. 상품上品에서부터 중품, 하품, 불량품 등. 원래 농산물에는 상중하는커녕 불량품이란 게 없다. 상중하로 나누는 것은 돈 받고 파는 상품商品의

뜻일 뿐이다. 그런 상품의 개념에서는 나눔이 없다. 상품^{上品} 이하는 다 폐기처분해야 하는 게 상품^{商品}의 원리이기 때문이다.

나는 농경 사회가 목축 사회보다 더 나눔의 미덕이 강하다고 생각한다. 쉽게 예를 들면 목축 사회에서는 가축이 새끼를 많이 낳았다고 이 사람 저 사람에게 막 나눠 줄 수는 없는 일이다. 좀 안 좋은 새끼를 낳았다고 나눠 주었다가는 욕 먹기 십상이다.

농사에서는 최고로 좋은 것은 종자로 쓰고 남는 것을 먹을거리로 썼다. 농사는 계획 생산이 쉽지 않다. 내가 얼마만큼 필요하다 해서 꼭 그만큼 생산할 수가 없다. 농사는 하늘과 땅, 곧 자연이 알아서 해 주는 것이기 때문이다. 그러니 늘 필요한 것 이상으로 생산을 준비해야 한다. 그리고 남은 것은 못 생겼든, 작든 나도 먹고 가족도 먹고 이웃도 함께 나눠 먹는다.

나눔의 삶으로서 농사를 드러내는 이야기 중에 극치는 콩 세 알 심는 농부의 마음이다. 옛 조상들은 콩을 꼭 세 알씩 심었다. 한 알은 땅속의 벌레가 먹고 다른 한 알은 하늘을 나는 새가 먹고 나서야 남는 한 알이 싹을 틔워 자라나 열매를 맺어 비로소 사람이 먹을 수 있었다. 이렇게 우리의 농심은 이웃만이 아니라 자연의 뭇 생명과도 나누는 삶을 살았다.

농경 사회와 자본주의 사회, 핵심 가치도 다르구나!

그러나 그것은 우리 농부님들이 성인이라서가 아니다. 거기에는 참으로 현명한 지혜가 숨겨져 있다. 콩을 한 알만 심었다가 새나 벌레에게 먹혀 버리면 결국 사람도 먹을 게 없어지기 때문이다. 차라리 새나 벌레들에게도 먹을 것을 주어야 사람도 먹을 게 생긴다. 공생의 삶 속에 숨겨진 지혜인 것이다. 콩 입장에서도 세 알을 함께 심으면 발아열을 서로 주고받아 싹도 잘 틔우고 경쟁도 하느라 더 잘 자란다.

나눔의 삶은 가축에게도 적용되었다. 우리는 가축을 잡아먹기 위해서 키우지 않았다. 소는 쟁기질, 운송 수단 등의 일꾼이었고 돼지는 거름을 만드는 일꾼이었다. 닭은 달걀을 생산해 주는 일꾼이었다. 잡아먹는 것은 그 다음이었고 그나마 함부로 잡아먹지도 않았던 데다 자기가 키운 것은 더더욱 자기가 잡아먹지 못했다.

조선 말, 해질 녘 소를 끌고 가며 자신의 등짐에는 소여물을 가득 지고 가는 농부를 찍은 서양의 한 사진 작가가 그 농부에게 다가가 물었다.

"소에게 지고 가게 하면 편할 텐데 왜 힘들게 당신이 지고 갑니까?"

그러자 농부는 이렇게 대답했단다.

"저 소는 하루 종일 밭에서 일하느라 힘들었는데 어찌 무거운 짐마저 또 지고 가게 합니까?"

그런 마음이 우리네 농심農心이었다.

공동체를 일구는 농부의 삶

땅은 사적인 소유물이 아니었다, 원래부터. 지구가 누구의 것이었는가? 그런데 그런 땅을 사적 소유물로 전락시킨 것이 자본주의이다. 쉽게 예를 들면 누구의 것도 아닌 땅 중에 갯벌을 보자. 갯벌은 주인이 없다. 그 속에 사는 생명체를 포함해서 모두가 주인일 뿐. 그런데 어느 날 별안간 그 갯벌에 기대어 사는 모든 생명을 쫓아내고는 자기들끼리 금을 그어 서로 차지해 버린 것이다. 그게 새만금 개발 사업이고 옛날 자본주의 초기에 벌어진 인클로저^{enclosure} 운동, 곧 땅 사유화 운동이었다. 땅의 사유화로 공동체 농장에서 쫓겨난 농부들은 도시로 밀려들어 이내 파편화된 개인으로 전락하고 말았다. 그리고 모든 것이 다 돈으로 환산되는 시장 체제로 급속히 빨려 들어갔다.

농경 사회 가운데 가장 공동체적인 문화를 꽃 피운 것은 벼농사 중심의 농경 사회이다. 밀농사 지역은 벼농사 지역에 비해 공동체 문화를 크게 발달시키지 못했다. 밀농사는 붙박이 농사가 가능한 벼농사와 달리 이동 농사의 특징을 갖는다. 이른바 연작^{連作} 피해 때문이다. 모든 작물들은 거의 다 연작 피해가 있다. 이는 한 작물을 계속 같은 땅에다 재배했을 때 오는 피해를 말한다. 작물도 생명인지라 대사 활동을 통해 배설물을 땅에다 내놓는다. 움직이지 못하는 식물들은 다른 식물들이 자리를 잡지 못하도록 방어하는 독물질을 뿜기도 한다. 이런 배설물과 독이 쌓이다 보면 땅은 산성화되고 만다. 한편 특정 작물을 좋아하는 병해충도 땅속에서 계속 번식을 한다. 이 때문에 피해를 보는 것이 연작 피해다.

밀도 이런 피해에서 예외일 수 없다. 그래서 정기적으로 옮겨 다니며 농사를 지어야 하는 것이다. 게다가 밀농사는 대개 목축, 유목과 결합되어 있기에 이동성을 더욱 뚜렷하게 갖는다. 이동하는 삶의 입장에서 땅의 사유화는 치명적이다. 그들의 이동성을 억압하기 때문이다. 더더욱 공동체를 해칠 수밖에 없다.

반면 벼농사는 연작 피해가 없는 극히 몇 안 되는 작물 중에 하나다. 논에 가둬 두는 물이 흙을 정화시키기 때문에 연작 피해가 없다. 그래서 벼농사 지역에선 붙박이 문화가 발달한다. 이동하는 문화에서는 가족 단위의 공동체가 발달하는 반면, 붙박이 문화에서는 마을 단위의 공동체가 발달한다.

특히 벼농사는 공동체 문화의 중심이다. 벼농사만큼 공동 노동을 필요로 하는 것도 없다. 일시에 파종하고, 일시에 모내기하고, 일시에 김매기하고, 일시에 수확을 해야 하니 여러 사람이 함께 해야 한다. 우리나라에서 발달한 벼농사 공동체 문화가 바로 두레이다. 두레는 정확히 말하면 모내기 공동체다. 모낼 때가 되면 두레 회의를 조직해 모를 낼 순서를 정한다. 우선 지주 것부터 시작하지만 그 다음엔 힘없는 노인이나 과부댁부터 해 주면서 나아간다. 전형적인 이타적 원리의 공동체였다.

반면 밭농사에서 일반적으로 행해졌던 품앗이는 약간 이기적인 공동체 원리였다. 품앗이는 내가 받은 만큼만 돌려준다. 힘 약한 여자가 하루 종일 밭일을 해 주었다면 그 대가로 건강한 장부는 반나절만 해 주어도 같게 쳐 준다. 소를 빌려 반나절 쟁기질을 했다면 그 대가로 사람이 가서 하루 종일 일을 해 주는 식이다.

우리 조상들은 이런 이타적 원리와 이기적 원리의 균형을 잘 맞추어 마을 공동체를 오랜 세월 동안 지켜 왔다. 그 중심에 벼농사가 있었는데 벼농사는 주식만이 아니라 생활 문화 전반에 걸쳐 큰 영향을 끼쳤다. 벼에서 나는 쌀만 먹을 것이 아니라 볏짚을 이용해 많은 생활 용구들을 만들어 썼다. 초가집 이엉, 멍석, 짚신, 각종 담는 용기구, 새끼줄 등 그 쓰임새는 무궁무진했다.

땅도 붙박이 문화에서는 점유권이 보장되었다. 아무리 지주의 땅이라 한들 맘대로 빼앗을 수가 없었다. 대부분은 점유권이 상속되기도 했다. 땅이 완전한 사유물은 아니었던 것이다. 땅의 사유화는 일본 식민 통치 시절에 강제로 이루어졌다. 이때부터 공동체가 깨지기 시작했다.

공동체의 텃밭에는 신명 나는 소통이 있다

경기도 안산에 자리 잡고 있는 우리 농장은 도시 사람을 위한 주말 농장, 곧 도시 텃밭이다. 100여 명의 회원과 함께 참 재미나게 농사짓고 있다. 여느 주말 농장과 차이가 있다면 농약, 화학 비료를 쓰지 않는 유기 농법을 100% 이상으로 실천하고 있으며, 조그만 땅이지만 한번 땅을 분양 받으면 마치 자기 땅처럼 계속 쓸 수 있다는 것, 그래서 특별히 개장과 폐장이 없기 때문에 월동하는 겨울 작물 농사까지 할 수 있다는 것이다. 거기에다 더 차이가 있

요즘 세상에
왜 농사를
짓는다는 거지?

농사에는
환경과 나눔의 가치가
담겨 있어!

그래도
돈벌이는 안 되잖아!

돈 없으면
아무것도 못해!

그래도 가끔은
흙냄새가
그립긴 해.

땀 흘려 일하고
자연과 사람과 함께 나누는
그 기쁨 말이지?

다면 회원들 간의 상호 교류와 공동체 활동이 많다는 것이다. 농장에 오면 매주 토요일마다 막걸리 잔치가 벌어진다. 안주는 밭에서 난 것을 기본으로 하고, 소주 같은 독한 술은 되도록 먹지 않는다. 조금 취했다 싶으면 밭에 가서 풀이라도 뽑으며 술을 깬다. 그리고 해질 녘이면 막걸리 잔치는 끝나고 밭에서 반찬거리를 챙겨들고 집으로 향한다.

회원들은 매주 밭에 들르기를 마치 주일마다 교회에 가 예배 드리듯이 한다. 밭에 와서 흙과 풀 냄새를 맡으며 일을 해야 일주일 피로가 가시고 그 힘으로 다시 일주일 일을 할 수 있단다. 그래서 나는 이 모임을 일명 텃밭공동체라 붙었다. 내가 속한 귀농운동본부에는 이런 농장이 수도권 지역에 여섯 개가 있다. 일 년에 한 번 정도는 여섯 개 농장들의 전체 모임도 갖는다.

우리 농장에서는 그 외에, 농사 공부도 하고 아이들 농사 체험 교육도 하고, 농사 외의 천연 염색, 곤충 관찰, 밤에는 별 관측 등의 어린이 놀이도 한다.

처음 우리 농장에 오는 사람들은 대개가 어색한 눈빛들을 한다. 과연 자신이 제대로 농사를 지을 수 있을까라는 걱정 어린 눈빛에서부터 진짜로 유기 농법으로만 농사짓는 농장인지, 저런 양반이 농사를 제대로 가르쳐 줄 수 있는지 등 경계 어린 도시 사람들의 눈빛이다. 그러다 봄이 지나고 여름도 지나면 점점 눈빛과 표정이 맑고 밝아진다. 시골 사람들 눈빛으로 바뀌어 간다. 부드러운 흙을 밟고 녹색의 풀과 작물들을 보면서 달라지는 게 아닌가 싶다. 또한 같이 농사짓는 사람들끼리 원두막에서 오가는 막걸리 한 잔에 정이 들고 농사 얘기로 동류 의식을 공유하게 된다. 직장과 사회로 돌아가면 경쟁과 피로에 찌들다가도 농장에 오면 마치 사막의 오아시스에 온 것처럼 청량감을 안고들 간다.

텃밭공동체에는 믿음의 소통, 신나는 소통이 있다. 그것은 생명의 교감에 근간한다. 농사를 모르는 사람들은 흙의 신비를 잘 모른다. 그것은 생명이라는 만물을 낳는 신비다. 배추, 상추 씨앗을 심고 그놈들이 싹을 틔울 때의 그 신비로움은 겪어 보지 않은 사람은 모른다.

나는 생명의 신비로움을 '꼬무락거림'으로 표현하곤 한다. 씨앗이 싹을 틔워 흙을 비집고 올라올 때의 모습 그대로다. 배 속에서 갓 나온 아이의 생명도 꼬무락거림에서 시작한다. 식물인간이 된 사람이 다시 깨어날 때도 손가락의 꼬무락거림으로 부활한다. 추운 겨울을 버틴 흙 속의 뭇 생명들도 꼬무락거림으로 깨어난다.

농약과 화학 비료로 죽은 흙에는 꼬무락거림이 없다. 그러나 살아 있는 흙에서는 무수한 꼬무락거림이 있다. 지렁이가 기어 다니면서 드러내는 꼬무락거림, 땅강아지, 두더지들이 만들어 내는 흙들의 꼬무락거림, 풀 속에서 숨죽여 기어 다니는 두더지, 청개구리, 참개구리 그리고 가끔 방문하는 뱀과 족제비까지 살아 있는 우리 농장에는 숱한 꼬무락거림이 있다. 이런 생명의 꼬무락거림을 교감한 사람들은 저절로 마음을 여는 것 같다.

서울 주택가 한복판에서 학교에서 소외된 이른바 문제 학생들

생명의 소리에 귀를 기울여 봐!

을 데리고 사는 목사님 한 분이 계셨다. 목사님은 도저히 도시에서 아이들이 제대로 기를 피고 살 수 없다 생각해서 과감히 시골로 내려갔다. 한 아이는 하루 종일 고개를 떨군 채 땅만 쳐다보며 살았다. 인사할 줄도 몰랐다. 땅에다 퉤퉤 침이나 내뱉었다. 그런 아이가 시골로 가더니 점점 고개를 들어 올리며 인사를 할 줄 알게 되었단다. 하늘이 저렇게 예쁜지도 처음 알았단다. 나는 그 얘기를 들으며 그 아이는 시골에서 비로소 땅의 무수한 꼬무락거림을 보며 마음을 연 것이 아닐까 생각해 보았다.

나는 소통하는 공동체의 근간에는 생명의 신비, 곧 꼬무락거림이 있다고 믿는다. 꼬무락거리면 간지럽고 재미있듯이 밭에 오면 누구나 신난다. 흙을 밟고 벌레들과 노는 아이들도 신나고, 먹을거리 반찬을 장만하는 엄마들도 신나고, 시원한 막걸리 한잔 들이키는 아저씨들도 신난다. 신명나는 공동체가 거기에 있는 것이다.

순환하는 삶으로서 농부의 소박한 삶

사람의 몸이 건강하려면 피도 잘 돌고 신진대사도 잘 되는 등 뭐든지 잘 순환되어야 한다. 마찬가지로 자연도 뭐든지 잘 순환해야 건강하다. 내부에서도 잘 순환해야 하겠지만 외부에서 들어오는 입력과 외부로 빠져나가는 출력도 잘 순환해야 한다. 입력한 것보다 출력한 것이 더 많다든가, 적다든가 하면 분명 문제가 생긴 것이다. 뭔가가 빠져나가지 않아 안에서 독이 쌓이든가, 너무 빠져나가 피폐해지든가 한다.

현대인들에게 늘어만 가는 당뇨병, 고혈압 등 성인병들을 보면 근본적으로 순환이 되지 않아 생기는 병들이다. 입력은 많은데 출력이 적다. 뭔가가 몸에 쌓이는 것이다. 또한 심각해지고 있는 기후 온난화 등 자연환경의 문제도 근본적으로 순환이 잘 되지 않아 생기는 문제다. 이산화탄소가 식물들에 의해 흡수, 분해되어 영양물질을 만들고 산소를 만들어 내는 순환 구조에 문제가 생긴 것이다. 개발에 의해 숲이 파괴되어 이산화탄소를 분해할 식물은 줄고 이산화탄소를 배출하는 석유 에너지는 과잉 소비하니 문제가 될 수밖에 없다.

사람으로 인한 자연 환경의 문제는 사람이 만들어 내는 쓰레기가 자연으로 돌아가지 않기 때문에 생긴다. 그 근본에는 매일 일상적으로 뱉어 내는 똥오줌이 있다. 똥오줌을 잘 관리해서 자연으로 돌아가게 하면 훌륭한 거름 자원이 된다. 그러나 아무렇게나 버리면 자연을 더럽히는 오염원으로 전락한다.

옛날 우리 조상들은 똥오줌을 비롯해 자연으로 돌아가지 않는 쓰레기를 만드는 법이 없었다. 서양 사람들이 우리나라에 와서 당혹했던 것은 쓰레기통이 없다는 사실이었다. 우리 조상들은 무엇이든지 흙으로 돌려보내는 삶을 살았기 때문이다.

몸도 자연도
순환이
잘 되어야만 해.

그 밖에도 똥오줌을 귀하게 여기는 동양 사람들의 문화에 서양 사람들은 꽤나 놀란 모양이다. 함께 얘기하다가도 뒤가 마려우면 집으로 달려가 보질 않나, 길거리에 지나가는 개가 똥오줌이라도 싸 놓으면 정성껏 모아 가질 않나, 참 이해할 수 없는 모습들이 많았다. 더 이상한 것은 경작지만이 아니라 앞마당, 뒷마당, 골목 자투리 공간들마다 똥들이 쌓여 있는데 파리가 별로 없다는 사실이었다. 100년 전 수세식 변기가 없었던 시절 서양 사람들은 똥오줌을 멀리 버리기 위해 하수구를 통해 강이나 호수나 바다로 흘러가게 했는데도 식탁에 파리가 들끓어 파리채를 들고 식사를 했었다는 기록도 있다. 똥오줌은 풀과 흙과 섞어 퇴비가 되면 구더기가 끼지 않으니 파리도 없다. 하지만 똥오줌을 물에다 버리면 구더기가 끼고 파리가 많이 발생한다. 육식을 주로 했던 서양인들은 거름이 절실하지 않아 똥오줌으로 퇴비를 만드는 것을 몰랐던 반면, 채식과 곡식을 주로 했던 동양인은 거름이 절실하여 똥오줌으로 퇴비를 만들면 귀한 거름도 얻고 위생 문제도 해결할 수 있다는 것을 알았다.

동양의 농경 사회에서는 이처럼 똥을 아주 귀하게 여겼다. 농경 사회의 대표적인 가축은 소와 돼지다. 소는 쟁기질, 운송을 맡는 일꾼인 데 반해 돼지는 거름을 만든다. 돼지는 유목, 목축 사회에서는 별로 인기가 없다. 유대인, 이슬람 문화에서는 돼지고기를 먹지 않는다. 돼지는 끌고 다니기도 힘들거니와 유선이 짧아 젖도 이용할 수가 없다. 다만 고기만 이용할 수 있을 뿐이니 용도가 떨어진다. 붙박이 농경 사회에서 돼지는 아주 요긴하다. 돼지는 일단 먹지 못하는 게 없으니 사람이 먹지 못하는 모든 걸 먹일 수 있다. 돼지가 못 먹는 것은 아궁이에 집어넣어 불을 지피는 데 쓰는 것뿐이다. 그리고 귀한 똥을 싸 주니 돼지는 참으로 고마운 가축이다. 그래서 우리는 돼지를 복의 상징으로 여겨, 돼지 꿈 꾸면 복권을 산다. 역시 거름의 상징인 똥 꿈도 꾸면 재수 좋다고 여겼다. 길 가다 똥을 밟아도 재수 좋다고 했다.

농자지천하지대본農者之天下之大本으로서 농부의 삶

농부 또는 농사짓는 일이 천하의 큰 근본이라 한 까닭은 무엇일까? 우선 먹을거리를 생산한다는 사실이 제일 먼저 떠오를 것이다. 먹을거리란 무엇인가? 무릇 생명이면 뭐든지 먹을거리가 있어야 생명을 유지할 수 있다. 아무리 휴대폰, 자동차, 컴퓨터가 지배하는 세상이지만 그것들을 먹고 살 수는 없는 노릇이다. 그러니까 누구는 휴대폰, 자동차, 컴퓨터를 팔아 먹을거리를 수입해 오면 되지 힘들여 농사를 지을 필요가 있냐고 한다. 제 땅에서 난 것을 먹어야 한다는 신토불이身土不二 사상까지 거론할 것 없이 우리가 농사짓지 않으면 금방 우리의 자연환경은 황폐해지고 만다는 사실을 알아야겠다. 대표적으로 장마철 한때 쏟아지는 폭우를 가두는 논이 없어진다면 우리의 산천은 언제 사막으로 돌변할지도 모른다. 땔감으로 갖다 쓰느라 산의 나무를 베어 버려 민둥산이 되어 버린 북한의 산들이 결코 남 얘기가 아니다. 말하자면 먹을거리만 생산해 주는 게 아니라 우리의 자연환경을 지켜 주는 역할을 하는 게 농사라는 것이다. 전국의 논이 담수할 수 있는 물의 양이 자그마치 소양강 댐의 일곱, 여덟 배나 된다고 하니 그런 논이 없어진다는 것은 상상하기조차 끔찍한 일이다. 우리나라가 아름다운 팔도강산이 아니라 싱가포르나 홍콩 같이 도시 국가에 불과하다면 이런 걱정은 하지 않아도 되겠지만 말이다.

그 다음으로 농자가 천하의 근본인 것은 바로 똥에 있다. 더럽기만 한 똥을 농부는 정성껏 발효를 시킨 다음 아주 풋풋한 퇴비로 만들어 준다. 먹어도 상관없을 정도로 퇴비가 된 똥은 그냥 흙으로 변해 버려 이게 과연 똥에서 온 것인지 의심할 수밖에 없다. 나는 이를 똥의 마법이라 표현하곤 한다. 이런 똥오줌을 농부가 발효시켜 흙으로 돌려보내지 않으면 똥오줌은 흙을 황폐화시키는 쓰레기가 될 뿐이다. 그러나 농부는 그것을 활용해 흙을 더 비옥하게 만드는 재주를 가졌으니 천하의 근본이라 하지 않을 수 없다.

천하의 근본으로서 농부 역할의 백미는 종자에 있다. 농부는 식물에게서 먹을거리를 얻으면서 그 대가로 식물의 자손을 번식시켜 줄 의무가 있다. 일종의 농부와 식물 간에 맺어진 무언의 약속이자 계약이다. 꿀벌도 식물과의 대표적인 계약자다.

농부는 단순 번식만 시켜 주는 게 아니다. 농부의 손을 거쳐 작물은 수많은 자손들로 퍼져 가고 환경에 뛰어난 적응력을 갖춘 후손들을 진화시켜 간다. 토종 종자의 가짓수가 많은 이유다. 대표적으로 우리나라와 만주가 원산지인 콩의 종자 수는 무려 4천 가지가 넘었다. 토종 볍씨는 1600여 가지가 넘었다.

자연의 생명은 종 다양성이다. 자연이 사막화된다는 것은 종이 단순해져서 결국엔 멸종되고 만다는 뜻이다. 지구가 생명이 없는 화성처럼 되는 것은 바로 종의 멸종을 뜻한다. 종 다양성을 지켜 가는 것이야말로 지구를 지키는 참된 파수꾼인 것이다.

이런 농부의 삶을 사는 사람들이 점점 줄어들고 있다. 3천만 명을 헤아렸던 농민이 이제 3백만 명을 겨우 넘는 형편이다. 고령화가 급격히 진행되어 조만간에 3백만 명 이하로 줄고 1백만 명 이하로 준다면 누가 우리 강산을 지키고 우리 고향을 지키며 우리 종자를 지킬 수 있을까?

나는 전 국민 모두가 농부의 삶을 살기를 바란다. 그런 점에서 농부의 일이 농업農業이 되어서는 안 된다. 학교를 다니든, 직장을 다니든, 사업을 하든, 방과 후에, 퇴근 후에, 아니면 주말에라도 흙을 밟으며 농사짓는 삶을 살기를 바란다. 그러면 도시에서도 콘크리트 아스팔트를 거둬 내고 흙을 살려 작물을 키우고 나무를 심고, 화초를 심어 키우면 우리의 지구는 영원히 푸르른 생명의 별로 남을 수 있으리라. 내가 도시에서 농사꾼으로 살아가는 까닭은 바로 이 희망을 버리지 못하기 때문이다.

수많은 정보 가운데 의미 있는 것을 골라내는 눈이 필요하다.

그리고 무관해 보이는 정보를 엮어 유관한 그 무엇으로

다시 만들어 내는 능력이 요구된다.

여기서 그치는 것이 아니라 그러한 것들을 바탕으로

가치 있는 지식으로 생산해 낼 줄 알아야 한다.

상상의 집으로
놀러 오렴!

이권우

경희대학교에서 국문학을 공부했다. 책이 좋아서 주로 책과 관련한 일을 했다. 서평전문 잡지 《출판저널》 편집장을 지냈고, 현재는 도서평론가이자 문화운동가로 살고 있다. 쓴 책으로는 《어느 게으름뱅이의 책읽기》 《각주와 이크의 책읽기》 《책과 더불어 배우며 살 아가다》 《책읽기의 달인, 호모 부커스》 등이 있다.

살다 보면 자꾸 어린 시절이 떠오를 때가 있다. 기억이나 회상
이라는 면에서 보자면, 당연하겠다. 거기다 지난날을 생각하며 입
가에 작은 미소를 짓는 것은 큰 행복이다. 오늘 살아가는 삶이 어
렵거나 힘들 적에 옛 생각은 큰 격려가 된다. 하지만 나는 한동안
어린 시절을 머릿속에서 지워 버리고 싶기까지 했다. 또래들에 비
해 힘겹고 어렵던 시절이라 기억하기보다는 잊어버리고 싶었던 것
이다.

　물론, 나중에 사귀게 된 친구들을 보면 나보다 더 어려운 환경
에서 자랐으면서도 자신의 삶을 훌륭하게 개척한 이들이 많았다.
그런 친구들을 만날 때마다 아, 내가 너무 엄살을 떨었구나 반성하
곤 한다. 그런데 아무리 생각해도 내 어린 시절은 궁핍했더랬다.
지상에 방 한 칸이 없어 이리저리 이사 다니던 시절도 있었고, 동
사무소에서 나눠 주는 밀가루를 타러 동산 하나를 넘어간 적도 있
었다. 지금이야 대부분 도시가스로 난방을 하니 그런 일이 없게 되
었지만, 그때는 대체로 연탄으로 방을 덥히던 시절이라 중독사고
가 많이 일어났다. 가난한 사람들이 살던 방들은 왜 그리 연탄가스
가 자주 새는지, 생각하면 지금도 아찔하다. 여태 기억나는 것은

바람이 심하게 불면 루핑으로 지붕을 얹힌 집에서 나던 소음이다. 정말, 가난의 상징으로 그만한 것이 없지 않나 싶다.

그렇다고 내 어린 시절이 황량하기만 하냐면, 그렇지는 않다. 그 가운데 춘천에서 살던 시절은 내 삶의 황금기였다. 송탄에서 춘천으로 이사 갔더랬으니, 참 멀리도 갔다. 낯선 도시지만, 미군과 양색시들이 있던 동네에서 도청 소재지로 간다고 하니 대처로 나가는 듯한 기분이 들었다. 그런데 막상 가 보니 도시는 크지 않았고 아담하기까지 했다. 더욱이 호반의 도시라는 명성에 걸맞게 계절에 따라 변하는 풍광이 아름다웠다.

우리 집이 세 들어 살던 곳은 울타리는 앵두나무로 둘러싸여 있고, 앞마당에는 큰 대추나무가 있는 곳이었다. 주인 어른이 좋은 분이었고, 형이나 누님들도 착한 이들이라 좋은 인상이 남아 있다. 뒤에는 언덕이 있어 조금만 올라가면 남춘천역이 바라보였다. 외로울 적에는 그곳에 올라 서울 가는 기차를 눈마중하기도 했다. 소양강은 얼마나 아름다웠던가! 지금도 눈에 선하다, 푸른 강줄기를 따라 함박 피었던 개나리 무리들이.

그런데 내가 정작 그 시절을 황홀하게까지 기억하는 이유는 좀 엉뚱한 데 있다. 그때는 나라에서 어린 학생들에게 책을 읽혀 보자는 운동을 크게 벌이고 있었다. 이름하여 '자유교양문고'. 책이 귀하던 시절이라 나라에서 고전을 새로 번역하고 책을 찍어 싸게 나누어 주었다. 그냥 읽으라고 하면 안 읽으니까 특별한 반을 만들어 선생님이 지도해 주었다. 기억이 나지는 않지만 무슨 이유론가 내가 그 반에 뽑혔다. 글 잘 쓴다고 칭찬을 받아 본 적도, 그렇다고 책 많이 읽는다고 소문난 사람이 아닌데도 들어갔으니, 아마도 선생님의 눈썰미가 좋으셨던 모양이다. 훗날 도서평론가가 될 아이를 미리 알아 보셨으니 말이다.

그곳에서 한 것은 특별한 것이 아니었다. 수업이 다 끝나면 따로 모여 책을 읽고 독후감을 써 내고는 집으로 돌아가는 것이었다.

선생님이 독후감을 읽고 도움말을 주셨는지는 잘 모르겠다. 그렇지만 책을 나누어 주고 읽을 수 있는 자리와 시간을 만들어 주었고, 그 시간을 너무나 즐겁게 보냈다는 기억만 난다.

책보다는 인터넷게임이 훨씬 재미있는데….

헌데, 왜 나는 이 시절을 황홀하게 기억하는 것일까? 아마도 기억의 착종일지도 모른다. 책을 읽고 나서 집으로 돌아가지 않고 학교마당에서 놀고 있는 장면이 늘 생각난다. 그 마당 가득 햇빛이 들어와 있었으니, 아마도 마음의 응달이 그 햇빛으로 위로 받고 격려 받은 듯하다. 어린 아이 하나가 책이 비쭉 나와 있는 책가방을 땅에 내려 놓고 홀로 앉아 땅에 그림을 그리는데, 그 어깨로 햇살이 내려앉는 장면을 떠올려 보라. 정말 가슴이 훈훈해지는 장면 아닌가.

학교에서 배려해 주어 책 읽고 독후감을 쓴 것이 힘이 되었던 모양이다. 한 출판사에서 전국 어린이를 대상으로 독후감 대회를 열었는데, 내가 덜컥 춘천시 대표의 한 사람으로 뽑혔더랬다. 가문의 영광이었나 보다. 아버지와 함께 서울에 올라갔으니 말이다. 전국 대회에서는 이렇다 할 좋은 성적을 얻지는 못했다. 아무래도 제사보다는 젯밥에 관심이 많아서 그랬을 것이라 생각한다. 대회에 나가 무엇을 쓴다는 것보다 모처럼의 서울 나들이에 기분이 너무 들떠 있었던 것이다.

어쨌든 책 좋아하는 사람은 별종 같아!

　책 읽기는 그렇게 내 유년 시절에 기쁨과 격려, 흥분과 위안, 황홀과 행복감이라는 낱말과 더불어 뿌리내렸다. 가끔 이런 생각을 해 본다. 그때 책을 읽지 않았더라면 어린 나는 무엇으로 위안을 얻었을까. 전학 간 곳이라 친구들도 별로 없을 때였고 경제적으로 궁핍해 남 보란 듯이 살아가지 못하고 있었다. 내가 오랜 세월, 수제비라는 먹을거리를 입에 대지 못했던 것은, 유독 춘천에서 그것을 많이 먹었기 때문이고, 지금은 없어졌을 영일빵을 그토록 오래 기억하는 것은 공장 방문 때 마음껏 빵을 먹게 해 주었기 때문이었다. 그래도 나의 영혼은 부유했다고 자부한다. 내 영혼의 곳간은 책으로 가득 찼고, 거기에서 발효된 온갖 상상의 소산들이 나를 휘감고 있었기에

지금은 읽어야 할 책이 너무 많아!

그러하다.

지금은 우리나라도 제법 잘살게 되어 어린 시절을 어렵게 보내는 사람들이 과거보다는 적어 보인다. 그렇다면, 내가 책읽기에서 느꼈던 감정을 요즈음 청소년들이 경험하는 것은 기대할 수 없을까. 나는 그렇지 않다고 생각한다. 예민한 청소년 시절에는 늘 모자람을 느끼게 마련이다. 나는 단지 경제적 모자람을 경험했을 뿐이다. 21세기를 살아가는 청소년들에게도 모자란 것이 있게 마련이다. 아마도 정서가 메말랐을 터이고(컴퓨터나 오락, 텔레비전을 주로 즐기면서 일어난 일이겠지), 깊이 있는 지식이 부족할 것이고(너무 입시 위주로 공부만 해서 생긴 일일 터이다), 남에 대한 배려가 약한 데다(승자 독식의 시대를 살고 있어서 그럴 것이다), 돈으로 상징되는 것에만 더 애착이 많을 터이다(이건 어른들의 잘못이 크다).

너무 넘쳐도 문제지만, 모자란 것도 좋은 것은 아니다. 늘 균형과 중용을 이루는 것이 참된 것이다. 세상이 빨리 변해 중요하다고 여기는 것이 바뀌더라도 꼭 갖추어야 할 덕목이라는 것이 있는 법이다. 오늘의 세상이 청소년들에게 새로운 것을 쏟아 부어 주고 있더라도, 오랫동안 지켜 왔던 것마저 선물해 주고 있는 것은 아니다. 비어 있고, 부족한 것이 있게 마련이다. 그래서 외로운 것이다. 두루 갖추어 있으면 충만한 기분이 든다. 자신감도 들고 미래에 대한 전망도 얻게 되는 법이다. 그러면 어떻게 해야 이것을 채울 수 있을까?

이미 눈치 챘겠지만, 나는 그것이 책읽기라 생각한다. 책의 종류 가운데에 문학이 있는데, 이는 언어로 이루어진 상상의 집이다. 그곳에 들어가면, 우리가 결코 경험하지 못했거나 못할 이야기로 가득 차 있다. 그곳에서 미처 생각해 보지 못한 것, 겪어 보지 못한 것, 짐작해 보지 못한 것, 상상해 보지 못한 것들을 만난다. 그 언어의 집에서는 나와 다른 것을 이해하게 된다. 나는 특별히 이 점이 가장 중요하다고 생각한다. 새로운 세기를 맞이해 인류는 갈등과 충돌의 시대를 살아가고 있다. 가난한 사람과 부유한 사람의 차이가 더 벌어지고 있다. 이런 시대, 다름을 이해하기 위해 다른 문화권에서 창작된 문학 작품을 읽어 보는 것은 상당히 의미가 있다. 그리고 이해에 그쳐서는 안 된다. 그 이해를 바탕으로 고통 받는 이들의 아픔을 헤아리는 마음을 품어야 한다. 그때 비로소 이 갈등과 충돌의 시대를 끝장낼 수 있을 터이다.

우리가 남의 나라 고전 문학 작품을 읽는 이유가 여기에 있다. 거기에는 인류의 보편적 고통과 이를 치유하는 길에 대한 이야기가 담겨 있다. 오늘 우리 사회에서 창작되는 문학 작품을 읽는 이유도 같다. 결국에는 다른 이들의 고통을 미루어 짐작할 줄 아는 성숙한 시민으로 성장하기 위해서라 할 수 있다. 물론, 교과서에 나오는 이야기도 다 맞다. 언어적 감수성을 키우고, 현실을 성찰하게 하며, 나를 되돌아보고, 상상의 세계에 나래를 펴게 하는 것들 말이다. 그 가운데 내가 이야기한 것이 더 중요하고 오늘의 시대에 더 맞다는 뜻일 뿐이다.

대학에서 학생들의 리포트를 받다 크게 실망한 적이 한두 번이 아니다. 특히 책을 읽고 써 오라는 독후감은 인터넷에서 떠다니는 기사나 남의 글을 짜깁기해 내는 경우가 비일비재하다. 정보와 지식을 얻는 통로로 인터넷에 의존하는 경우가 잦아 일어나는 일이다. 물론, 정보 혁명의 시대를 살면서 인터넷을 통해 정보를 재빨리 얻을 수 있다는 사실을 부정할 수 없다. 더욱이 외국어를 잘할 줄 안다면 필요한 것들을 더 빨리 많이 낚아올릴 수 있다는 것은 두말할 필요도 없다. 그러나 체계적이고 깊이 있는 정보와 지식을 오직 인터넷만 의존해서는 얻을 수 없다는 점을 더 강조하고 싶다.

정보는 이미 그 자체로는 가치를 띠지는 못한다. 정보 혁명 이전에는 정보를 장악한 사람이 권력을 쥐고 있는 꼴이었다. 하지만 지금은 너무나 많은 정보가 쏟아져 나오는 데다, 권력이 그것을 독점할 수도 없는 시대를 살고 있다. 흩어져 있고 넘쳐나고 흘러 다니는 정보를 가치 있게 만드는 것은 무엇일까.

수많은 정보 가운데 의미 있는 것을 골라내는 눈이 필요하다. 그리고 무관해 보이는 정보를 엮어 유관한 그 무엇으로 다시 만들

책 속에는
다양한 삶의
모습이 있대!

행복한 책 읽기?

끙!

난 책 속에서
수면제를
발견 했는데….

책 읽는 건
고역 이야.

글쎄, 가끔
재미 있는 책도
있긴 해.

얼마든지
인터넷으로 쉽게 정보를
찾을 수 있잖아!

마음의 양식을
잘 찾아봐!

하지만 책 읽을
시간이 절대적으로
부족한걸!

나는 책보다 남친!

어 내는 능력이 요구된다. 여기서 그치는 것이 아니라 그러한 것들을 바탕으로 가치 있는 지식으로 생산해 낼 줄 알아야 한다. 이런 일련의 과정을 능수능란하게 해 내기 위해서는 평소 책을 꾸준하게 읽어 나가야 한다. 책이란 것이 가장 작고 낮은 단위의 정보에서 시작해 가장 크고 높은 단위의 지식으로 끝나기 때문이다.

인터넷 검색만 잘해서는 이런 능력을 키울 수 없다. 흔히 이야기 순서대로 글을 읽어 나가지 않고 계기가 있을 때마다 새로운 글로 건너뛰어 나가는 읽기를 비선형적 구조라 한다. 하이퍼링크 기능이 있는 인터넷 글을 떠올리면 무슨 말인지 금세 알 것이다. 바로 이런 비선형적 구조를 잘 활용하기 위해서라도 정보가 논리적인 순서에 따라 배열된(그러니까 선형적 구조를 띤) 책을 통해 훈련할 필요가 있다. 이렇게 생각하면 된다. 축구 선수든 야구 선수든 배구 선수든 종목은 달라도 똑같이 하는 운동이 있다. 달리기나 근육운동 같은 것을 말한다. 기본이 없으면 응용력도 없게 마련이다.

IMF 사태 이후 우리 사회는 돈의 가치를 상당히 높이 쳐 주고 있다. 몇 년 전 한 광고에 나온 "부자 되세요."라는 말이 유행한 것에서 알 수 있듯, 그 무엇보다 돈 되는 일이 후하게 대접 받고 있다. 물론 이런 현상을 나쁘게만 말할 수는 없다. 너무 준비하지 않고 있다 명예퇴직이나 정리해고된 사람들이 겪었던 고초를 생각하면 더욱 그렇다. 지금 당장 쓸 돈만 필요한 게 아니라, 먼날을 위해서도 부지런히 벌어야 한다. 그렇지만 한 사회가 지나치게 돈의 가치에만 매달리는 것은 결코 긍정적인 현상이 아니다. 한 사회가 건

강하게 운용되기 위해서는 다양한 가치가 필요하다. 이해와 배려도 있어야 하며, 지금 당장의 효과만 아니라 먼 훗날에 미칠 영향도 따져야 한다. 혼자 잘사는 것도 중요하지만, 같이 더불어 살아가기 위한 지혜도 필요하다.

그래서 책읽기가 중요하다. 한 시대를 휩쓰고 있는 유행에서 한 발짝 벗어나 관망할 수 있는 힘을 길러 주기 때문이다. 아직은 무슨 말인지 모르겠지만, 어른이 되면 하늘 아래 새로운 것은 없다는 생각을 자주 하게 된다. 똑같은 일이 벌어진다는 뜻이 아니라, 어쩌면 그렇게도 비슷한 일이 일어나는지 모르겠다(이를 사건이 아니라 구조가 반복된다고 말하기도 한다)는 감탄이 절로 나온다는 뜻이다. 지금 우리 눈앞에 벌어지고 있는 일이 처음 것이 아니라면, 이미 옛사람들이 그 문제를 놓고 깊이 연구해 보았을 터이다. 그러니까 고전을 읽으면 우리 시대의 허상이 잘 보인다는 말이다. 돈만 알았던 시대가 결국 어떤 고통을 안겨 주었고, 이를 이겨내기 위해 어떤 노력을 해 왔던가를 말한 책을 읽다 보면, 우리 사회가 균형을 잃었다는 문제 의식을 품게 되고, 그러면 새로운 해결책을 모색하게 될 것이다.

책읽기가 우리의 모자란 부분을 채워 주는 사례는 끝도 없이 나열할 수 있다. 아마도 이 글을 읽는 청소년들도 그 점을 잘 알고 있으리라. 그런데도 왜 책을 읽어야 한다는 목소리가 크게 들리는 것일까. 너무나도 안 읽고 있어서이다.

청소년들도 할 말은 있다. 누가 읽고 싶지 않냐, 학교 공부에 학원 공부에 입시에 정신 없다. 도대체 언제 책 읽으라는 말이냐! TV에 DVD에 게임에 영화에, 볼 것투성이인 시대를 살면서 굳이 책 읽을 필요가 있느냐! 책이라는 게 재미도 있어야지 자다가 봉창 두드리는 듯한 소리만 그득한 것을 보라고 하면 그건 또 다른 폭력이다! 어른들은 우리 보고 책 읽으라는 소리는 하면서 왜 직접 읽는 모습은 보이지 않느냐. 기만이고 위선이다!

다 일리 있는 말이다. 그렇지만 이렇게 한번 생각해 보자. 학교나 학원에서 게임기 다루는 법은 별도로 가르쳐 주지는 않는다. 스스로가 알아서 해내기 때문이다. 가만히 생각해 보면, 어른들은 청소년들이 하기 싫으나 억지로라도 하지 않으면 안 되는 것을 가르치려 한다. 야속한가? 아니다. 생각을 바꾸어 보면, 그게 그만큼 중요한지라 강조하는 것 아니겠는가. 대체로 하기 쉬운 일은 즐겁기는 하지만, 우리의 정신 능력을 키워 주지는 못한다. 힘들고 어렵고 그래서 짜증나는 일들이, 해내면 정신의 키를 훌쩍 자라나게 한다. 대체로 하기 쉽고 즐겁기만 한 일은 시간을 죽이지만, 힘들고 어렵지만 가치 있는 일들은 시간을 생산적으로 보내게 해 준다.

책읽기는 결코 쉬운 일이 아니다. 무작정 재미있지도 않다. 게다가 저절로 익혀지지도 않는다. 책읽기는 어려운 축에 들어간다. 남의 생각을 글로 이해한다는 것이 결코 만만한 일이 아니다. 더욱이 책을 쓰는 사람은 읽는 사람보다 더 많이 알고 있는 사람일 가능성이 높다. 아무리 읽는 이의 눈높이에 맞춘다 해도 어려울 수밖에 없는 이유이다. 책 읽는 가치는 모르는 것을, 이해하지 못하는 것을 비로소 깨닫는 데 있다. 쉽기만 하다면, 금세 알아먹을 수만 있다면 결코 새로운 것을 알았다 할 수는 없는 노릇이다.

그렇지만, 정말이지 책읽기는 즐겁고 행복한 일이다. 비로소 알게 되고 느끼게 되고 깨닫게 되고 자유롭게 되기에 그러하다. 우리의 눈에는 비늘이 덮여 있다. 경험이라는, 편견이라는, 이미 알고 있다는. 그러나 좋은 책은 그 비늘을 벗겨 준다. 그야말로 새로운 지평이 활짝, 열리는 것이다. 그 놀라움을 무엇에 비할 수가 있을까. 정말, 심봉사가 눈을 번쩍, 뜰 적과 다를 바 없을 터이다. 한겨울 비지땀을 흘리며 열심히 운동한 선수가 여름에 큰 성과를 보이는 법이다. 그래서 어른들이 선생님들이 부모님이 여러분들에게 책을 읽으라 힘주어 이야기하는 것이다. 과정은 비록 고통스러울지라도 결과는 값지니, 그토록 강조할 수밖에 없는 것 아닐까.

이제 이야기를 정리해야겠다. 나에게는 중학생 딸이 있다. 이름하여 '엽기 소녀'이다. 말 잘하고, 고집도 세고, 공부보다 노는 것 좋아하고, 잘 토라진다. 하지만 자기가 좋아하는 것은 열심히 할 줄도 안다. 예쁘기도 하고 말이다. 그 딸에게 꼭 들려주고 싶은 음악이 있어 메일로 보내 준 적이 있다. 내가 무척 좋아하는 가수인데, 마야가 부른 노래 가운데 〈나를 외치다〉가 있다. 시원한 목소리

책 읽고 싶은 마음이 팍팍 생기네!

로 불러 젖히는데 그 노래 가사 가운데 이런 내용이 있다.

절대로 약해지면 안 된다는 말 대신
뒤처지면 안 된다는 말 대신
지금 이 순간 끝이 아니라
나의 길을 가고 있다고 외치면 돼.

2절에는 앞부분에 다른 내용이 붙은 가사가 나온다.

강해지자고 뒤돌아보지 말자고 앞만 보고 달려가자고
절대로 약해지면 안 된다는 말 대신
뒤처지면 안 된다는 말 대신
지금 이 순간 끝이 아니라
나의 길을 가고 있다고 외치면 돼.

명민한 딸은 이 노래를 내가 왜 들려주었는지 알아챘을 터이다. 워낙 책읽기를 좋아하는지라 또래보다 똑똑하기 때문이다(아, 미안하다. 딸 자랑해서). 누가 뭐라 해도 자신의 길을 가면 가치 있다는 점을 강조하고 있는 노래이다. 정말 좋은 노래다. 세상에 대한 날카로운 풍자 정신도 스며 있다. 약해지면 안 되고 뒤처지면 안 된다고 닦달만 하지, 평생 갈 길이 무엇인지 고민해 보라는 소리는 들리지 않는 사회이다. 공부해서 좋은 대학 가라는 말은 많이 들려도, 왜 공부해야 하는지 무엇을 공부해야 하는지 친절하게 설명하는 목소리는 좀처럼 들리지 않는다.

　여러분에게 이 노래 가사에 기대어 몇 마디 덧붙여 말한다. 약해지지 않으려면, 뒤처지지 않으려면 책을 읽어야 한다. 정서적으로 강하고 지식에서도 앞서려면 책을 읽어야 하는 법이다. 그러나 거꾸로 말하면, 약해지고 뒤처졌을 적에 꼭 책을 읽어야 한다. 내 어린 시절에 그러했듯이 책이 여러분을 격려해 주고 위로해 줄 것이기 때문에 그렇다. 강해져야 한다고, 뒤돌아보지 말고 앞만 보라고 재촉할 적에 책을 읽어야 한다. 어떻게 사는 것이 참사람이 되는 길인지 곱씹어 보려면 그 길밖에 없으니 말이다.

　책 속에 길이 있다는 말을 늘 기억하길! 그 길은 자기가 선택한 길이며 자기가 평생 갈 길이다. 비록 험할지라도 후회하지 않는 길이며, 영광이 없을지라도 가치 있는 길이다. 그 길을 걷고 있을 때, 우리의 삶은 광휘로 둘러싸이게 된다. 책과 벗하는 것, 우리가 누릴 수 있는 가장 큰 복이다.

여성 상위 시대는 쉽게 말할 수 있는 것이 아니다. 양성 평등 시대도 그렇게 쉽게 오지 않는다. 작은 문제 하나도 우리가 제대로 의식하고 극복하려고 노력하지 않으면 풀리지 않는다. 나 자신이 독립적이면서 힘 있는 여성이 되기 위해 무엇을 바꾸어야 할까 지금부터 고민해 보는 것이 출발점이다.

권인숙

서울대학교 의류학과에 입학한 후 학생운동과 노동운동을 하였다. 1994년에 미국으로 건너가 럿거스대학교에서 여성학 석사학위를, 2000년에 클락대학교에서 여성학 박사학위를 받았다. 남플로리다 주립대학교 여성학과 교수로 지내다 2003년부터 명지대학교에서 여성학을 가르치고 있다. 쓴 책으로 《하나의 벽을 넘어서》《선택》《대한민국은 군대다》《권인숙 선생님의 양성평등 이야기》 등이 있다 여성 상위 시대라는 말이 자주 들리는 때이다. 사법 고시나 외무 고시 여성 수석은 이제는 뉴스 거리도 되지 못한다. 2007년 초에는 임용되는 판사 중 여성의 비율이 60%를 넘어섰고 남성적 직업의 상징이었던 검사의 경우도 여성 임용률이 44%라는 높은 비율을 차지했다고 한다.

　소수 여성의 화려한 진출은 변화된 세상을 이야기하는 것 같지만 여성의 입장에서 보면 세상에는 변하지 않거나 더 나빠지는 것도 많다.

　예를 들어 여성의 경제 활동 참여율은 별로 늘지 않고 있다. 1980년대에 42.8%였고 1990년대는 47.0%, 2005년에는 50.1%이다. OECD 회원국의 여성 경제 활동 참여율의 평균이 70~80%인 것에 비해서도 한참 떨어질 뿐 아니라 전통적 가족주의가 강한 터키와 이탈리아, 멕시코 다음으로 낮은 경제 활동 참가율을 보이고 있다.

　이 중에서도 가장 관심이 가는 부분은 고학력 여성의 낮은 취업률이다. 남성은 학력이 높을수록 취업률이 높은 반면, 여성은 대졸 이상 고학력 여성의 참가율이 57.1%에 불과하다. OECD 국가의

2002년 25세 이상 대졸 여성의 평균 경제 활동 참가율이 83%인 것과 비교하면 우리나라에서 고학력 여성의 경제 활동 참여가 어느 정도로 저조한지 쉽게 알 수 있을 것이다. 그리고 현재 일하는 여성의 67%는 안정되고 전망이 있는 직장 생활이라고 할 수 없는 비정규직이다. 그리고 이 비율은 이전에 비해서 오히려 늘어가고 있다.

다른 측면을 보자. 회사에서 성희롱을 경험해 본 여성의 비율이나 일반적인 성폭력 발생 비율도 우리 사회는 높은 편이지만 한국은 성매매의 천국이라는 좋지 않은 명칭도 얻고 있다. 2001년 미국무성 인권보고서에서는 한국을 최하위인 인신 매매 3등급 국가로 규정지었다. 많은 청소년들이 성매매에 새로 진입하거나 떠나지 못하고 있다.

가정에서는 어떨까? 여성들의 일을 하고 싶은 욕구는 날로 커져가지만 아이들은 엄마만이 돌봐야 한다는 의식은 전혀 변하지 않고 있다. 아침 뉴스에서는 직장 있는 엄마가 취학 전 아이를 돌보는 시간이 주중에는 7시간, 주말에는 13시간 정도이지만 아빠는 평균 1시간밖에 되지 않는다고 한다.

달라지고 개선되는 점이 분명 있지만 아직 여성은 경제적 주체가 되기도 힘들고, 성폭력에서 자유롭지도 못하고, 성매매 시장의 인권 피해자에서도 벗어나지 못했다. 이런 문제들은 쉽게 극복될 수 있는 문제일까? 아니면 시간이 지나면 저절로 달라질까?

평등을 방해하는 우리의 의식들

성공과 전문직 여성에 대한 지향이 높지만 막상 우리들의 구체적인 의식을 따져 보면 여성들은 자신의 삶을 생각하면서 남자들에 삶에 의존적인 존재로서 살아가는 판타지를 많이 가지고 있다. TV 드라마에서도 소재 거리로 반복적으로 이용되고 있는 신데렐라가 되는 꿈이다. 멋진 남자에게 선택되어서 편안하고 우아하게 남편을 내조하고 아이를 키우며 사는 여성이 되고 싶은 욕망을 말한다. 어린 시절에 읽었던 동화나 만화 영화의 많은 소재가 이런 여성의 삶을 담고 있다.

오름지기 여자는 여자다워야 한다고!

이런 동화에서 가장 문제가 되는 부분은 신데렐라나 잠자는 숲속의 공주, 백설 공주가 상황을 변화시키기 위해서 본인이 주체적으로 하는 일이 전혀 없다는 사실이다. 심지어 외모를 꾸미는 일조차도 스스로 하지 않는다. 신데렐라는 우연히 나타난 대모의 마력으로 아름답게 변신한다. 숲 속의 잠자는 공주는 잠을 자고 있고 백설 공주는 약에 취해 그저 누워 있을 뿐이다. 사랑에 빠져 이 공주들을 구하는 왕자들은 공주들의 외모에 반했을 뿐이지 이들이 어떤 성격인지, 지적인 능력은 어떠한지, 가치관이 어떤지 전혀 묻지 않는다.

만약 백설 공주가 남자 왕자였다면 자신의 지위를 빼앗은 마녀 왕비에 대적할 아무런 노력도 하지 않고 일곱 난쟁이에게 밥만 해 주면서 밝게 웃고 있었을까? 이 왕자가 가지고 있는 덕목은 순진 함뿐이어서 다른 사람이 내미는 사과를 그냥 먹고 쓰러지는 것뿐일 수 있었을까? 아마도 성에 있는 신하와 만나서 모의를 하든가 칼싸움하는 기술을 닦든가 상황을 변화시키려 노력을 했을 것이다. 적어도 동화 속에서 매력적인 캐릭터가 되려면 말이다.

연약하고 수동적이고
의존적인 게 여자다운 것이라고?

요즘 드라마에서도 현대판 신데렐라는 외모가 아름답고 성격이 밝을 뿐이지 재벌 아들을 만나서 사랑을 얻기 위하여 특별한 노력은 하지 않는다. 노력을 하는 여자들은 《들장미 소녀 캔디》에 나오는 이라이자처럼 주로 악녀들의 몫이다.

현실에서는 어떠한가? 외모를 가꾸는 노력을 하든 안하든 신데렐라적 삶에 대한 동경은 결혼을 위한 맞선 시장에서 적나라하게 나타난다. 이 시장에서 남자는 능력, 여성은 외모이다. 아름다운 여성이 성공한 남성을 만난다는 구도가 서 있는 것이다. 성공한 남성 연예인의 상징적 결혼 상대자는 띠동갑 어린 미모의 여성이다. 학습 독려를 위해 농담스럽게 만들었다는 급훈이나 슬로건도 신데렐라적 욕망의 깊이를 드러낸다. 남고생 사이에서는 "30분 더 공부하면 마누라 몸매가 달라진다." "10분 더 공부하면 김태희를 얻는다."인 반면 여고생 사이에서는 "30분 더 공부하면 남편 직업이 달라진다."라고 한다.

하지만 신데렐라 의식은 단순히 성공한 남성을 만나서 행복한 삶을 누리겠다는 의존적 욕구에서 끝나지 않는다. 성공하지 않은 남자라도 남자라면 가장으로서 나머지 가족 구성원을 경제적으로 유지시키는 능력과 의지를 가져야 남자의 기본 도리를 하는 것이라는 의식 속에서도 의존 의식은 자리 잡고 있다.

2005년 여성가족부 조사에서 중고등학생들에게 "결혼한 여성이 가정의 생계 책임자로 일하는 것에 대해서 어떻게 생각하십니까?"라는 질문을 했다. 여학생의 답변만 보면 '저 여자 참 안됐다.' (9.2%), '저 여자 남편은 뭘하는 사람이지?' (31.45%)이고 '당연하다.' (13.4%) 정도가 나왔다. 반대로 남자가 생계 책임자일 경우에 대한 질문에 70% 여학생들이 '당연하다.'에 응답했고, '저 남자 참 안됐다.'는 3.1%, '저 남자 부인은 뭐하는 사람이지?'에 7.9%가 답했다고 한다.

로맨스의 단계에서도 여성의 의존 의식은 나타난다. 대학교 수업 시간에 여학생들은 자기보다 똑똑하지 않은 남자에게 매력을 느낄 수 있냐는 질문에 전부가 고개를 젓는다. 아주 예외적인 한

명이 있기는 했다. 남자들은 여자가 자기보다 똑똑해도 괜찮다는
데 서너 명이 손을 든다.

그만큼 애정 형성 단계에서 여자는 자기보다 똑똑한 남자에게
만 로맨스 감정을 느낀다는 것이다. 나보다 잘난 남성을 만나면 누
가 경제의 주체가 될 가능성이 클까? 여성들은 감성적으로 남성을
내조하고 보조하는 의존적 삶을 마음 밑바닥에서부터 기획하고 있
는 것은 아닐까?

여성의 의존성을 부르는 현실들

물론 여성들의 욕구나 생각만이 의존적인 것은 아니다. 전통적
으로 우리 사회는 여성들을 자기 중심적이면서 독립적인 존재라기
보다는 타인 중심적이면서 의존적인 존재로 기능하도록 만들어 왔
다.

로드 컨설턴트, 교육 매니저 등 요즈음 전업 주부들의 호칭이 이
전의 치맛바람에서 한층 격상해 불리고 있다. 이상한 것은 여성의
직업 의식이 강해질수록 어머니 역할에 대한 사회적 기대도 같이
커 왔고 교육에 대한 어머니들이 집착 정도도 커 왔다는 것이다.
실제로 한 조사에 따르면 1960, 1970년대보다 1990년대 이후 여
성들이 어머니 노릇을 더 힘겨워하고 부담을 많이 느낀다고 한다.
1960, 1970년대는 현재보다 여성의 사회적 지위가 낮았다고 우리
는 생각하고 있지만 아이를 키우는 문제에 있어서는 가족 구성원
이 많아 부담을 나눌 수 있었고, 식모나 가정부 등 일손 사용이 쉬

웠을 뿐만 아니라 사교육에 대한 부담도 적었고 자녀 교육에 대한 개입 정도도 낮았다. 그만큼 자식 교육이 정신적으로 부담스럽지 않았다는 것이다.

오히려 1990년대 이후 주변의 일손 활용이 쉽지 않고, 더욱 격렬해져 가는 경쟁적인 교육 환경이 훨씬 더 많은 엄마의 노력과 관심을 요구하고 있다. 부모자식 간의 위계가 엄격했던 시대보다도 많은 정서적인 노력이 필요하기도 한 상황이다. "아이들 교육에 어머니가 늙어요!"라는 말에 모두가 공감하는 시대가 된 것이다. 이는 결국 병적인 증상으로 발전해서 사회문제가 되었던 슈퍼우먼 신드롬(가사, 육아, 직장 생활 모두를 잘할 것을 요구받는 것)이 이제는 남의 문제가 아니라 우리 미래의 한 단면임을 이야기하고 있는 것이다.

슈퍼우먼이 되지 않고 육아보다는 일을 우선시했던 여성이 겪은 목격담을 잠깐 살펴 보자. 남성들은 겪어 보지 못한 문제일 것이다.

나의 상사는 30대 후반의 멋진 커리어 여성으로 얼마 전 둘째를 낳고 출산 휴가에서 돌아왔다. 임신을 했을 때에도 거의 살이 찌지 않아서 대부분의 사람들이 눈치를 채지 못할 정도였고, 출산하기 위해 휴가에 들어가기 전까지 정말 열정적으로 일을 한, 대단한 체력과 정신력, 프로 근성(남성사회가 요구하는)을 겸비한 직장 여성이다. 사실 그녀의 큰 아이는 이제 열한 살이 되는데 출산 후부터

친척집에 맡겨 키우고 있다. 주말에만 아이를 데리고 와서 함께 지내고 있는데, 그 딸을 위한 그녀의 노력은 내가 보기엔 대단하다. 멀리 있는 것이 안타까워 매일 전화를 하고 일요일이면 아이를 위해 모든 시간을 할애한다. 그런데 이를 두고서 많은 사람들이 '독한 엄마'라는 표현을 아끼지 않았다. 어떻게 엄마가 아이를 남의 집에서 키우느냐고 말이다. 그녀도 이번만은 다른 방법을 찾고 싶어 했지만 늦둥이인 그 아이도 결국 같은 친척어른에게 맡기기로 결정했다. 언제나 그랬듯이 멋진 내 상사는 출산 휴가에서 돌아온 날에도, 예전과 다름없는 모습으로 첫 회의에 참석했다. 아이들의 육아에 대한 질문이 쏟아졌고, 사정 설명을 하자 누군가가 이런 이야기를 던졌다.

"아이들이 엄마라고는 부르나요?" (일다에서)

아직도 우리 문화는 육아를 전담하지 않은 여성을 이해할 수 있는 사고 방식이 부족하고 문화적으로나 제도적으로 지원도 부족하다. 이런 사회일수록 여성들이 아이는 키우며 느끼는 부담은 클 수밖에 없다. 그래서인지 모성 이데올로기가 강한 사회일수록 출산율이 떨어진다고 한다. 엄마의 육아 부담이 적은 스웨덴이나 프랑스보다 전통적인 모성상을 강조하는 이태리나 스페인의 출산율이 훨씬 낮은 것도 이런 이유 때문이다. 아이를 키우기 위해 여성 자신은 많은 것을 희생해야 하기 때문에 선택이 두려운 것이다.

육아 부담이 많은 사회에서 출산율이 낮아지는 현상만 일어나는 것은 아니다. 그보다는 많은 여성이 일과 아이 중에서 양자선택을 해야 하고 OECD 국가 중에서 우리와 일본만이 유일하게 M자 곡선, 즉 출산 육아기에 여성의 경제 참여율이 떨어지는 현상이 나타난다. 여성이 안정적으로 직업을 유지하기 힘들고, 육아와 직장 생활을 병행하기 힘들기 때문에 많은 여성은 똑똑한 남자를 만나서 갈등이 적은 삶을 선택할 가능성이 그만큼 높은 것이다. 다시 말해 의존적인 삶을 선택할 이유가 넘쳐 나는 것이다.

보호가 필요한 성으로서의 여성

"남자는 늑대다."라는 말을 들어 보았을 것이다. 남자는 야수성을 지니고 있기 때문에 성욕을 참을 수 없으니 조심하라는 이야기이다. 그럼 여기에서 누구에게 조심하라는 이야기인가? 남자인가? 여자인가? 남자 아이들은 어린 시절에 남자는 늑대니까 늘 너의 야수성을 조심해야 한다는 충고를 듣고 크지는 않는다. 하지만 여자 아이들은 어린 시절부터 남자를 조심하라는 이야기를 듣고 큰다.

법적 용어를 좀 쓰자면 가해자는 상관하지 않고 피해자에게만 피해를 받지 않도록 조심하라고 가르치는 격이다. 이것은 운전자들에게는 면허증도 없이 운전을 하게 하고 보행자 보고 조심하라는 격이다. 게다가 우리 사회는 남자에게 성폭력과 성행위의 차이를 제대로 일러 주지 않는다. 야수성을 가졌으니까 남자가 성행위 욕구를 참지 못하는 것이 당연하다는 말은 참지 못해 강제적으로

왜 이렇게
조심할 게
많은 거야?

하는 성폭력도 당연스러움의 연장선에서 보고 있다는 것이다. 여성과의 성관계 후, 사용하는 "따먹었다." 등의 용어도 강제성을 당연시하고 있는 것이다. 이는 성폭력에서 가해자보다는 피해자에게 원인과 책임을 돌리는 문화에서도 잘 드러난다.

2004년 여성의 야한 옷이 성폭력을 부른다는 질문에 법조인의 60% 이상이 그렇다고 답변했다고 한다. 여성의 옷차림과 성폭력은 상관 관계가 없는 것으로 연구보고가 있을 뿐만 아니라, 겨울이라고 해서 성폭력은 줄어들지도 않는다. 오히려 피해자를 비난하기 위해서 이용될 뿐이다. 피해자 유발론은 정말 뿌리 깊다는 생각이 든다.

얼마 전 운전하다가 라디오에서 들은 내용이다. 아동기의 딸을 둔 엄마가 보낸 편지를 읽어 주는 것이었다. 딸이 성폭행을 당할 뻔한 일을 경찰에 신고를 했는데, 경찰관이 하는 말이 "아니 아이가 치마를 입고 있었어요?"라고 묻더라는 것이다. 이것은 마치 바지를 입었으면 어린아이가 성폭력을 당할 가능성이 훨씬 적었을 거라는 의미를 담고 있고, 모든 게 피해자 하기 나름이라는 고정관념을 담고 있다.

무엇보다도 늘 성폭력을 당할 가능성을 어린 시절부터 고민해야 하는 이런 상황은 여성을 의존적으로 만든다. 늘 조심하고 보호받을 대상으로 자기를 규정하기 때문이다. 성폭력 피해자가 될 가능성이 아주 높은 사회에서 피해를 당한 사람을 주로 비난하는 문화는 이래저래 여성을 자유롭게 활동하지 못하게 한다. 온실 속의 화초같이 부모는 늘 여자 아이의 귀가 시간을 챙겨야 하고 행동을 규제하곤 한다. 여행이나 독립하고자 하는 욕구도 성폭력의 가능성 앞에서 위축되곤 한다.

초경을 비교적 일찍 시작한 여자 청소년들, 평균 연령에 시작한 여자 청소년들 그리고 비교적 늦게 시작한 여자 청소년들의 자신감 수준을 비교하는 조사를 했다. 어느 그룹에 속하는 여성이 가장 자신감이 낮았을까?

사정을 일찍 경험한 남자 청소년들과 대충 평균 연령에 첫 사정을 경험한 남자 청소년 그리고 늦게 경험한 남자 청소년들을 비교해 보았는데 사정을 일찍 경험한 남자 청소년들이 가장 자신감 수준이 높았다고 한다. 그리고 늦게 경험한 남자 청소년들이 가장 낮았다고 한다. 여자 청소년들은 그 반대였다. 초경을 비교적 늦게 시작한 여자 청소년들이 자신감이 가장 높았고 초경을 일찍 시작한 여자 청소년들의 자신감이 가장 낮게 나왔다고 한다.

여자와 남자에게 성적으로 성숙해진다는 것이 의미가 다르게 받아들여진다는 것이다. 여성은 여성이 된다는 것이 보호해야 할 몸이 생긴다는 것, 문제가 발생할 골칫거리가 생기는 문제로 여겨지는 것이다. 어떤 학생이 생리를 시작하자 어머니가, "너는 하얀 백자 같은 존재야. 깨지지 않게 조심해." 라고 했단다. 자신이 원하든 원치 않든 깨지고 망가질 수 있는 몸을 가지고 있다는 것이 여성이 자기 몸을 바라보는 시각을 결정하는 데 많은 영향을 미치는 것이다.

뿐만 아니라 여자는 여자다워야 하고 남자는 남자다워야 한다는 문화의 영향도 여성의 의존성과 관련이 크다. 여러분은 주변의 남자 아이를 평가할 때 이런 말을 써 본 적이 있는가? "남자가 치사하게.", "남자가 왜 그렇게 쪼잔해!" "남자가 그것도 못해서 말이야." "남자가 눈물이나 찔찔 흘리고." 등. 또 이런 말을 해 본 적은 있는가? "여자가 치사해서.", "여자가 왜 그렇게 쪼잔해!", "여자가 그것도 못해서 말야.", "여자가 눈물이나 찔찔 흘리고." 등. 이 차이는 무엇을 말할까? 그만큼 남자와 여자 사이에는 어려서부터 다른 역할을 요구받고 다른 성질을 보일 것을 요구받는 것이다.

만약 골목길에서 희롱을 거는 사람에게서 여자 친구를 보호하지 못하고 도망가는 남자와 남자 친구가 깡패들에게 매를 맞아도 상관없이 도망가는 여자가 있다고 하자. 누가 비난을 받을까? 이런 비난은 평소 그들의 체력이나 성격과는 상관없이 그들의 성에 의해서 결정된다. 남자든 여자든 그 사람의 개성이나 기질이 무엇이든 남자다움과 여자다움에 의해서 많은 경우 평가를 받는다는 것이다.

여러분은 착하다는 말을 들은 적은 있는가? 착한 여자의 반대말인 나쁜 여자는 누구일까. 최근에 있었던 한 휴대폰 광고의 선전문구를 같이 보자.

착한 여자 지현이는 잊어 주길.

난 이제부터 나쁜 여자가 될 거야.

보고 싶은 건 보고 갖고 싶은 건 갖고 말 거야.

욕심 많은 여자가 될 거야.

여기에서 나쁜 여자는 남을 괴롭히고 해를 끼치는 것을 마다 않는 악한 여자가 아니다. 선전 문구에서도 그대로 드러나지만 이기적이거나 자기 중심적인 여자이다. 자기주장을 하고 자기가 가지고 싶은 것을 가지려 할 때에도 나는 착한 여자가 아니라 나쁜 여자라는 선언이 필요한 것이다. 착하다는 것은 여러 차원에서 이야기 될 수 있는 평가 기준이지만 우리 사회에서 착하다는 것은 세 가지 기준으로 주로 구성되어 왔다.

1. 윗사람에 대한 순응

2. 자기 감정 억제

3. 타인 중심적 삶을 사는 것.

그래서인지 보통 어린 시절에 활달하고 자기주장이 강한 여자아이에게 우리는 착하다는 평을 하지 않는다. 얌전하고 순종적인 아이에게 착하다는 형용사를 주로 붙여 준다. 여러분이 기억할지는 모르겠지만 드라마 〈대장금〉의 주인공 장금이는 늘 올바른 선택을 하고 약한 사람을 돕지만 착한 여성으로 기억되지는 않는다. 그러기에는 자기욕구나 주장이 강해 앞의 휴대폰 광고를 기준으로 본다면 장금이는 요즘에 태어났어도 나쁜 여자로 평가받을지도 모른다.

남자들에게 "너 착하구나."라는 평가는 어떤 느낌일까? 글쎄, 왠지 무능하고 자기주장이 없는 순응적인 남성이라는 이면의 평가가 들어가 있어 편하게 좋아하기는 힘들 것이다. 여성의 가장 대표적 콤플렉스로 꼽히는 착한 여자 콤플렉스는 선하고 의로운 행위를 하는 여자가 되라는 것이 아니었다. 여자는 '여자답게' 살아야 한다는 문화 속에서 여자답다는 평가를 미화시킨 표현이 착하다라는 것이었고 여자다워야 한다는 것을 강조한 콤플렉스가 착한 여자 콤플렉스이다.

부모님이나 선생님이 하라는 대로 순응하고, 늘 나의 감정보다는 다른 사람의 감정을 먼저 생각하고, 성인이 되어서는 자기보다는 남을 중심으로 살면서 남편, 가정, 주변 사람들의 인정을 받는 여성은 가장 여성다운 삶을 사는 착한 여성인 것이다.

반대로 남자는 어린 시절부터 사내 대장부로 크는 것을 이상적으로 여기고 누군가에게 의존하는 것을 경멸하는 마음을 키운다. 울거나 나약함에 대한 것이라든가 쪼잔하다는 비난은 결국 대범하게 독립적인 힘을 가지지 못함에 대한 비판으로 사용되어 왔다. 남자들이 보다 경쟁적이고 성공에 집착하는 것은 유전적으로 그렇다는 증거보다는 남자다움에 대한 기대감 속에서 계속 이어진 기질이라는 분석이 더 힘을 가지고 있다.

이와 같이 남자다움과 여자다움이라는 것은 여성은 의존적 존재일 때 칭찬받고 남성은 독립적 힘을 가질 때 칭찬받아 온 우리 문화를 단적으로 드러내 준다.

여성의 의존성에 대해서 여러 각도로 이야기해 보았다. 이것은 여성이 자기가 원하는 대로 일을 하고 아이를 낳고 가족을 만들어 나가려 할 때 여성의 의존성을 만드는 여러 문제를 극복해야 하기 때문이다. 여성 앞에는 그동안 우리가 문제시해 왔던 신데렐라 판타지나 어머니다움, 여자다움, 남자다움을 규정하는 가치의 문제, 직장에서의 성차별이나 육아 문제나 성폭력에 대한 사람들의 인식의 문제 등 다양한 차원의 일들이 펼쳐져 있다.

여성 상위 시대는 쉽게 말할 수 있는 것이 아니다. 양성 평등 시대도 그렇게 쉽게 오지 않는다. 작은 문제 하나도 우리가 제대로 의식하고 극복하려고 노력하지 않으면 풀리지 않는다. 나 자신이 독립적이면서 힘 있는 여성이 되기 위해 무엇을 바꾸어야 할까 지금부터 고민해 보는 것이 출발점이다.

진정으로 문화를 즐기는 사람이라면

문화의 본질이 배타적인 소유나 과시에 있는 것이 아니라

경험의 공유와 소통에 있음을 직감적으로 알고 있을 것이기 때문이다

문화로 말걸기
경험하고 마음껏 즐겨!

김동식

서울대학교 국어국문학과 및 동 대학원에서 국문학을 공부했다. 〈한국의 근대적 문학 개념 형성과정 연구〉로 박사학위를 받았고 〈글쓰기의 우울 : 신경숙론〉을 발표하면서 비평 활동을 시작했다. 계간 〈문학과사회〉 편집동인이며 쓴 책으로는 〈냉소와 매혹〉〈소설에 관한 작은 이야기〉〈잡다雜多〉〈한국근대문학의 풍경들〉등이 있다.

문화의 자리: 이상理想에서 일상日常으로

"청소년에게 문화적 경험이 갖는 의미나 중요성에 대해서 말씀을 해 주시면 좋겠습니다."

늘 있는 원고 청탁이라고 생각했다. 하지만 그때 알아차렸어야 했다. 청소년들을 대상으로 문화와 대해서 이야기하는 일이 결코 쉽지 않다는 것을. 게으름을 부리며 삶을 낭비해 온 나 자신이 미래의 주인공들에게 뭐라도 이야기할 주제가 못 된다는 생각도 들었다. 좀 더 성실히 살아야 했고 공부도 열심히 해야 했는데, 뭐 하나 제대로 이루어 놓은 일이 없다는 생각 때문에 괜히 우울했다. 무엇보다도 나 자신이 청소년들에게 문화와 관련한 이야기를 들려줄 수 있는 자격을 지닌 문화적 주체인지조차 의심스러웠다. 그런데 도대체 나라는 사람이 문화라는 주제와 관련을 맺게 된 이유는 어디에 있는 것일까.

고백하건대 나는 스스로를 문화에 대한 전문적인 소양을 갖춘 사람이라고 생각해 본 적이 없다. 한국 근대 문학을 공부하는 연구자이고, 학교에서 문학을 가르치는 선생이고, 발표되는 한국 문학 작품을 읽고 평하는 비평가이다. 직함을 여러 개 늘어놓았지만 결국 문학하는 사람에 지나지 않는다. 아마도 문화와 관련이 있는 사람이라는 인식이 생겨난 데에는, 가끔 신문이나 잡지에서 문화와 관련된 글이나 코멘트를 발견한 일이 적지 않게 영향을 미친 것 같다. 또한 한국문학전공자이면서 일반 대중을 상대로 영화 강의를 하고, 한동안 인디 밴드들의 음악을 듣는다고 홍대 부근의 클럽을 돌아다닌 적이 있고, 중년을 바라보는 나이에 가끔 용산역 부근의 e-스포츠 경기장을 찾는 등 세상 무서운 줄 모르고 철없는 생활을 해 왔고, 또한 그런 모습을 지켜본 사람들이 있었기 때문일 것이다.

솔직하게 말하면 나는 문화에 대한 방대한 지식과 자료를 가지고 있지도 않으며 많은 시간을 문화를 경험하는 데 투여하지도 않는다. 수집이나 소유에 대한 관심이 거의 없는 편인지라 집에 소장하고 있는 음반, 동영상, 화집 등 문화적 텍스트라고 할 만한 것들의 수는 얼마 되지 않는다. 그렇다고 해서 전시나 공연을 열심히 찾아보는 것도 아니다. 작년 가을, 영화와 관련된 논문을 쓰느라 60편이 넘는 영화를 찾아보았지만, 정작 개봉작 영화를 극장에서 본 것은 최근 일 년 동안에는 없었던 것 같다. 게다가 최근에 발매된 콜드플레이 신작 앨범은 지인의 차 안에서 귀동냥으로 들었다. 이 정도면 문화와 동떨어진 생활을 하고 있다고 해도 과언이 아닐 듯하다.

하지만 이처럼 빈약한 문화 생활을 하는 나 자신을 비#문화적인 인간이라고 생각하지도 않는다. 이유는 간단하면서도 소박하다. 문화적인 것에 관심을 갖고 열린 태도를 취하려고 하는 것은 분명한 사실이지만, 문화적인 것에 대한 관심과 태도를 의식적으로 또는 강박적인 방식으로 유지하려고 하지 않기 때문이다. 나는 문화가 삶을 억압하는 숙제와 같은 것일 필요가 없다고 생각한다. 마음이 내키면 찾아가서 보면 되는 것이고, 이런저런 일로 바빠서 기회를 놓치게 되면 다음을 기다리면 되지 않겠는가. 그럴 수 있는 것은 우리가 살고 있는 사회에서 문화란 일상 생활 바깥에 놓인 초월적인 영역이 아니며, 우리의 일상 생활은 문화적인 것에 의해서 끊임없이 재조정되고 있다고 생각하기 때문이다.

문화는 고상하고 여유 있는 사람들이나 누리는 거 아니야?

1970년대 이전의 영화를 보면 확연하게 알 수 있는데, 지난 시절에 문화는 일상적인 영역 너머에서 손짓하는 신기루 같은 것이었다. 한 편의 헐리우드 영화나 비틀즈의 앨범 한 장이면 문화를 향유하는 사람을 나타내는 표지로서 충분했다. 빈곤이 일반화되어 있는 사회 상황이었기에, 고급 예술이건 대중 문화이건 간에, 문화는 한편으로는 지극히 낭만적인 것으로 여겨졌고 다른 한편으로는 한없이 쓸데없는 것으로 치부되었다. 문화를 낭만적이라고 보든 무용한 것이라고 보든 간에, 이것은 문화에 대한 태도의 차이에 불과하고, 두 가지 입장 모두 문화를 우리의 일상적인 삶과 멀리 떨어져 있는 영역으로 보고 있다는 공통점을 갖는다.

적어도 1990년대 이전까지 문화라는 말은 먹고 자고 싸고 하는 일상과 무관하거나 일상과 멀리 떨어져 있기에 낭만적인 영역이나 가치를 의미했다. 반면에 오늘날 문화라는 말은 대단히 넓고 다양한 의미를 지니고 있다. 물질적 문명과 구별해서 정신적 가치와 이상理想을 의미했던 전통적인 의미를 여전히 간직하고 있기는 하지만, 오늘날 문화라는 말은 고급 예술, 대중 문화, 하위 문화, 전위 예술 등을 모두 포괄하는데, 이들 하위 범주들 사이의 관계는 모순적이거나 대립적인 경우가 많다. 달리 말하면 오늘날 문화라는 말은 모순적인 통합의 양상을 보인다. 하지만 분명한 사실은 문화가 일상적 삶의 영역에 오늘날처럼 밀착되어 있었던 적은 달리 찾아보기 어렵다는 사실이다.

감히 말하자면 '이상理想에서 일상日常으로'라는 말은 우리가 살고 있는 시대에 문화가 어느 지점에 위치하고 있는지 가장 간명하게 보여 주는 말일 것이다. 문화적 일상의 시대를 대변하는 아이콘이 다름 아닌 디지털 카메라이다. 생일 파티에 모인 친구들의 엽기적인 표정, 불판 위에서 예쁘게 익어 가는 삼겹살, 집안의 재롱둥이인 애완 동물의 잠자는 모습 등등. 전통적인 필름 카메라가 결혼, 출산, 생일, 장례 등 가족 차원의 통과 의례를 기념하기 위해 사용되었다면, 디지털 카메라는 우리의 소소한 일상을 이미지로서 기록한다. 디지털 카메라로 찍은 사진들에 대해서, 자신의 일상 속에서 새롭게 가치와 의미를 발견한 문화적 경험에 대한 고백이자 기록이라고 해도 좋지 않을까. 문화란 삶의 의미를 (재)발견하는 경험이다.

몸으로 경험하는 문화

문화의 범위와 한계를 규정하기가 쉽지 않지만, 우리가 문화라는 말을 사용하는 양상을 보면 흥미로운 사실을 발견할 수 있다. 가장 중요한 것은 경험의 문제이다. TV, 라디오, 인터넷 등과 같이 미디어에 근거한 경우 우리는 그것을 문화의 영역에 포함은 시켜도 문화적 경험이라고 생각하지는 않는다. 한국 핸드볼 여자국가 대표 선수들의 경기를 TV에서 보았다고 해서 그것을 문화적 경험이라고 생각하지 않는 것이 그 예이다. 반면에 〈우리 생애 최고의 순간〉의 감동 때문에 잠실 학생 체육관의 핸드볼 경기를 직접 찾아가 보았다면, 그 경우 우리는 왠지 문화에 가까이 접근했고 경험했다고 느낀다. 보다 정밀한 해석이 동반되어야겠지만 2002년 월드컵 거리 응원 역시 매스 미디어를 통한 전달과 수용에 머물지 않고 온몸으로 월드컵을 즐기고자 하는 무의식적 욕망과 관련이 있다고 생각해 볼 수 있을 것이다. 문화적인 이벤트들이 미디어에 의해 매개되고 중계될 때 그 의미가 확대 재생산되는 것은 분명한 사실이다. 하지만 그런데도 우리는 몸에 근거한 문화적 경험을 문화의 매우 중요한 요소로 생각하고 있음을 알 수 있다.

개인적인 경험을 이야기하자면, 고등학교 때 친구를 따라서 신중현 씨가 운영하는 것으로 알려진 '라이브'라는 카페에 간 적이 있다. 카페는 이태원에 있었고 학교에서는 고개만 넘으면 되는 터라, 야간 자습을 잠시 미루고 낭만적인 모험에 나섰다. 가장 저렴한 음료가 슬로진이라는 칵테일이었는데, 마시기 위한 것이라기보다는 일종의 입장료였던 셈이다. 그곳에서 우리는 한국 대중 음악사에 길이 남을 두 밴드의 공연을 보는 행운을 경험했다. 옴니버스 앨범에 〈행진〉을 포함해서 두 곡의 노래를 발표했던 '들국화'의 연주를 보았고, 〈비둘기에게〉〈가시나무〉 등으로 널리 알려진 '시인과 촌장'의 공연을 바로 코앞에서 관람했다. 한마디로 말해서 축복이었다. 나는 들국화의 음악을 통해서 록 음악에서 서정성이란 단순히 록 발라드를 통해서 주어지는 것이 아니라 아티스트의 내면성과 관련이 있다는 것을 알게 되었다. 스피커를 통해서 내 몸에 전해지던 소리의 울림과 여운들, 그것은 너무나도 섬세하면서도 강렬한 경험이었다.

요즘도 나는 시인과 촌장의 라이브 공연을 보았다고 가끔 자랑하곤 한다. 시인과 촌장의 멤버인 하덕규와 함춘호의 공연은 황홀경 그 자체였다. 어쿠스틱 기타 한 대, 일렉트릭 기타 한 대 그리고 베이스는 없이 간단한 드럼 세트가 전부였다. 세상에나…… 완벽한 연주였다. 영혼의 충일감이란 이런 것일까. 나의 몸을 감싸며 움직이는 소리들. 음악은 귀로만 듣는 것이 아니라 몸 전체로 듣는 것이라는 생각, 음악은 물질적인 것이라는 생각을 처음으로 가졌던 것 같다. 나 자신이 생각해 낸 말이지만 그 뜻을 정확하게 설명할 수는 없었다. 하지만 나는 그렇게 말하지 않을 수 없었다. 그리고 선생님의 꾸지람이 처음으로 무섭지 않았다.

몸으로 문화를 경험하는 일은 때때로 인식의 놀라운 확장을 가지고 오기도 한다. 1980년대 중반 학번들이 거의 비슷한 경험을 했겠지만 대학 1, 2학년 때 제대로 수업을 듣고 시험을 치르고 학점을 받은 적이 없다. 학기가 시작되고 얼마 지나지 않아 수업 거부와 동맹 휴업 등으로 이어지면서 대부분의 수업이 파행적으로 운영되었다. 그래서 대학 초년생 때 듣는 교양 수업이 부실할 수밖에 없었다. 시대가 어려웠으니 어쩔 수 없는 일이었다. 특히 미술과는 이상하게도 인연이 도통 닿지를 않았다. 그러다가 문학 이론을 공부하면서 미셸 푸코의 《말과 사물》에서 벨라스케스의 〈시종들〉에 대한 설명을 접하게 되었고, 미술에 대한 관심이 아주 조금씩 생겨나기 시작했다. 미술 관련 서적도 머리를 식히기 위해 들여다보기 시작했고, 미술 전시회에도 친구 따라 강남 가는 식으로 눈요기를 했다.

고전 회화와 현대 설치미술 사이에서 패러다임의 근본적인 변화를 경험한 것은, 한국이 주빈국이었던 2005년 프랑크푸르트 도서전 때의 일이다. 프랑크푸르트에는 다리를 사이에 두고 슈타델 미술관과 현대 미술관MMK이 자리를 잡고 있다. 오전에는 슈타델 미술관에서 서양의 중세와 근세의 그림들, 그러니까 인상파가 등장하기 이전까지의 회화들을 보았다. 기독교 성화, 초상화 그리고 풍경화 등이 주종을 이루었다. 그림들은 시대를 따라서 조금씩 변화를 보였고, 서양

온몸으로 느껴봐.
뭔가 느껴지니?

…글세?

160

문화,
가당키나 해?

돈도 없고,
시간도 없고,
우리 처지에
무슨 문화생활?

잘 생각해 봐!
문화가
별거겠어?

딴 나라
얘기지!

맞아. 그냥 일상에서
경험하고 즐기면
되는 거야!

그래도
역시 어려워!

그냥 있는 그대로
즐기라니까!

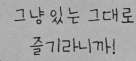

회화의 역사가 펼쳐 놓은 파노라마가 참으로 눈부셨다. 점심을 먹고 다리를 건너서 현대 미술관에 도착하니 미술사의 패러다임이 근원적으로 변화했음을 누가 설명하지 않아도 몸으로 느낄 수 있었다. 손가락 건전지 두 개를 작품이라고 전시해 놓은 방이 있고, 가족 사진 주변에 주황색 빨랫 줄로 그물을 엮어 놓은 작품도 있는가 하면, 계단 모퉁이를 돌면 사람 크기의 스파이더맨이 흰 벽면에 달라 붙어 있어서 관람객을 실소케 한다.

미술관을 돌아다니다 보면 배도 고프고 다리도 아픈 법이다. 휴게실이라고 생각하고 소파에 앉아 잡지를 들춰보며 한숨을 돌렸다. 그런데 알고 보니 그 방 전체가 작품이었고, 소파에 드러누워서 책을 보는 나의 행동이 작품의 일부로 편입된다는 사실을 알게되었다. 그 순간 느낄 수 있었다. 외부의 사물을 완벽하게 재현하고 자신의 구상을 캔버스에 옮겨 놓을 수 있는 장인적인 기술과 창조적인 상상력이 전통적인 미술의 핵심이었다면, 현대 미술에서 가장 중요한 것은 예술의 한계를 넘나드는 놀이의 상상력이라는 생각을 하게 되었던 것. 그러다 보니 설치미술 작품들을 보면서 "아이고, 이것도 예술인가? 이 정도는 나도 생각할 수 있는 건데, 혹시 내가 속고 있는 건 아닐까?" 하는 질문을 던지는 이유도 여기에 있다.

비전문가로서 감히 말하건대 현대 미술의 가장 훌륭한 관람자는 작품을 보며 엄숙한 얼굴로 미술사의 지식이나 미학적인 개념을 확인하는 사람이 아니라, 그냥 전시된 작품들을 보며 즐거워하

고 재미있어 하는 사람일 것이다. 미술과 함께 즐기고 논다는 생각
은 미술의 숲 사이로 난 오솔길을 하루 종일 거닐고 난 후에 얻은
것이었다. 그리고 그 생각은 내 몸에 스며든 것이기도 했다. 30대
중후반에 이르러서야 겨우 미술을 즐길 수 있게 되었지만, 오히려
나는 그 사실이 너무나도 좋았다. 아직도 내가 무언가를 마냥 좋아
할 수 있다는 사실 자체가 참으로 기쁘고 즐거웠다.

매혹에 대하여 또는 레드 제플린

그렇다면 왜 나는 문화적인 것에 대한 관심을 지속적으로 유지
하면서 글을 쓰고 하는 것일까. 그 이유 역시 간단하다. 나는 무엇
인가를 좋아하는 내가 참으로 좋기 때문이다. 그리고 아는 것에 대
해서 이야기하는 것보다는, 내가 좋아하는 것에 대해서 이야기할
때 훨씬 더 즐겁다. 고흐의 〈별이 빛나는 밤에〉의 색감에 홀려서
아무 생각도 하지 못하는 내 자신이 좋았고, 앤디 워홀의 캠벨 수
프의 이미지가 기대했던 것보다는 진지한 느낌을 준다는 것을 실
감하고 있는 나 자신이 좋았고, 사람들이 소녀 취향이라
며 그리 좋아하지 않는 영화 〈러브레터〉를 보며 프로
이트의 정신분석학을 함께 생각할 수 있어서 좋았
다. 어쩌면 나는 죽을 때까지 나를 매혹시킬 문
화적 텍스트들(소설, 음악, 영화, 그림,
건축, 거리 등)이 내 주변에 자리하
고 있기를 소망하고 있는 것 같다.

난 좋아하는 게
너무 많아.

매혹에 대한 말할 수 없는 그리움이 문화적 텍스트를 바라보는 눈길 속에 숨어 있는지도 모르겠다.

문화 속에서 매혹의 지점을 느낀 것은 고등학교 시절이었다. 아버지의 사업이 어려워졌고 사춘기 소년은 실존적인 불안에 휩싸였다. 사춘기의 위기를 비켜 가게 해 준 것은 다름 아닌 음악이었다. 문화의 유통은 때로는 불법적이고 음성적일 때 힘을 갖는 것 같다. 친구들이 빌려 주거나 복사해 준 테이프를 듣고 서로 이야기를 나누곤 했다. 주로 1970년대의 록 밴드들이었는데, 그중에서 〈월간 팝송〉에서 글로만 읽었던 레드 제플린의 음반이 있었다. 처음에는 조금 생경하게 들렸지만 이내 거리감은 사라지고 그들의 음악에 한없이 빠져 들었다. 명곡으로 알려진 'stairway to heaven'을 들었을 때는 너무 아름다워서 가슴이 벅차 올랐고, 'Since I've been loving you'는 너무나도 기괴하고 슬프고 아름답고 처절하기까지 해서 전율을 느꼈다. 이 음악들을 과연 인간이 만들었단 말인가! 실험적이면서도 아름다웠고 인간적이면서도 숭고했다. 내가 살고 있는 세상이 아닌 또 다른 세상을 상상할 수 있었다. 그들의 음악을 매일 들으며 사춘기와 입시 지옥을 힘들지만 즐겁게 견뎌낼 수 있었다.

언젠가 강의가 끝나고 한 학생이 찾아온 적이 있다. 서태지를 너무 좋아해서 팬클럽에서 활동하고

난 음악으로 마음의 위로를 받아.

있는데, 블라디보스톡에서 하는 공연에 당첨이 되었다는 것이다. 그래서 다음 수업에 출석이 어렵겠다며 난감한 표정을 짓고 있었다. 공연을 관람한다는 증빙서류를 제출하라고 하고 빠진 수업에 대해서는 과제를 제출하도록 했다. 그리고 한 가지 질문을 던졌다. "서태지의 어디가 그렇게 좋으니?" 대답이 인상적이었다. 자신이 알고 있는 서태지는 자신이 좋아하는 음악에 인생을 걸었고 끊임없는 노력을 아끼지 않는 사람이라고, 그래서 사는 게 자신이 없어질 때면 태지 오빠를 생각하며 그처럼 열심히 살아야겠다는 다짐을 한다는 이야기였다. 그 학생 역시 삶의 어려운 고비를 음악을 들으며 즐겁게 견디고 있었던 것 같다. 아마도 많은 청소년들이 각자가 좋아하는 문화적 주체나 텍스트를 버팀목으로 삼아 힘든 시기를 버텨 나가고 있지 않을까. 아마도 그럴 것이다.

가끔 사람들이 어떻게 해서 문학을 하게 되었느냐고 물어오면, 운 좋게도 좋은 선생님과 선배들을 만나서 문학에 대해서 많은 것을 배울 수 있었는데 문학과 학문을 좋아할 수 있는 감수성과 사고 능력은 레드 제플린을 통해서 얻은 것 같다고 말을 한다. 정말로 그렇다고 생각한다. 나는 레드 제플린을 통해서 예술이란 분류의 문제가 아니라 가치의 문제라는 것을 알았다. 그들은 대중 음악 연주자로 분류될 것이 분명하지만, 적어도 내 귀에 그들의 음악은 예술적인 가치를 충분히 지니고 있었다. 아울러 전위적이고 실험적인 가치가 문화 예술에서 얼마나 중요한 의미를 갖는지 어렴풋하게나마 느낄 수 있었다.

특히 나는 레드 제플린의 음악을 들으며 개인의 자유와 집단의 조화라는 고전적인 이상에 대해서도 생각할 기회를 가질 수 있었다. 수없이 반복해서 들어본 후에 나름대로 내린 개인적인 의견이기도 한데, 그들은 자기가 연주하고 싶은 대로 연주하고 있었고 노래하고 싶은 대로 노래하고 있었다. 그리고 개인적인 자유가 놀랍게도 너무나도 훌륭한 조화를 만들어 내고 있었다. 기타가 애드립을 하면 베이스나 드럼은 뒤를 받쳐 주는 게 관례인데, 이들은 그렇지 않았다. 기타에 종속된 연주가 아니라 자신의 음악을 연주하면서도 그 기타 애드립을 멋들어지게 뒷받침해 주고 있었다. 악기의 개별성이 존중되는 동시에 전체적인 조화가 이루어지는 음악. 이를 두고 황홀경이라고 해도 좋았고, 음악의 민주주의적 이상이라고 해도 좋았다. 그들은 각자가 중심이었고 동시에 주변이었으며, 전체의 조화를 고려하면서도 개별 악기의 고유한 매력을 한껏 드러내고 있었다. 드러머였던 존 바넘의 돌연사 이후 팀이 해체되었을 때, 존이 없는 레드 제플린은 의미가 없으며 더 이상 레드 제플린일 수 없다는 지미 페이지(기타리스트)의 말을 충분히 이해할 수 있었다.

마지막으로 한 가지만 더 이야기하자면 레드 제플린은 나에게 음악적 여백을 발견할 수 있도록 해 준 밴드이다. 지극히 개인적인 평가이겠지만, 나는 레드 제플린의 존 폴 존스를 최고의 베이시스트로 꼽는다. 이유는 간단하다. 그는 여백을 연주할 줄 아는 베이시스트이기 때문이다. 그의 연주는 빠르지도 않을 뿐만 아니라 주로 중저음을 사용하기 때문에 주의깊게 듣지 않으면 잘 들리지도 않는다. 하지만 귀를 기울여 그의 베이스 연주를 따라가면 레드 제플린의 음악에 귀족적인 품격을 부여하는 힘이 어디에 있는지를 느끼게 된다. 그는 음악 곳곳에 여백을 흩뿌려 놓는다. 그의 베이스 기타는 스트링(기타줄)을 튕기지 않을 때에도 연주를 하고 있다. 돌이켜 생각해 보면 사춘기 소년 특유의 관념성이 레드 제플린을 만나면서 문화적 감수성으로 이어졌던 것 같다. 나로서는 참으로 커다란 행운이다.

문화의 은하수를 여행하는 즐거움에 관하여

레드 제플린을 그렇게도 좋아했지만 그들의 음반을 모두 갖게 된 것은 대학에 들어와서였다. 아르바이트를 하면서 조금은 여유가 생겼기 때문이다. 복사한 테입은 음반으로 대체되었고, 시간이 지나면서 음반은 CD로 대체되었다. 한꺼번에 다 사면 좋겠는데 주머니 사정이 허락하지 않으니 어쩔 수 없는 일이었다.

누구나 경험해서 알고 있듯이, 문화를 경험하고 향유하는 데에는 경제적인 측면이 고려될 수밖에 없다. 수십만 원을 호가하는 오페라는 아예 꿈도 꾸지 않는 것이 마음 편하고, 눈앞에 그렇게 찾던 앨범이 있어도 주머니 사정이 허락하지 않으면 눈물을 삼킬 수밖에 없다. 하지만 문화가 경제적

얇은 지갑이 문제군!

기반과 관련을 맺는 것은 분명한 사실이더라도 경제적인 측면에 의해서 전적으로 제한되지 않는다는 것은 더더욱 분명한 사실이다.

그렇다면 문화와 소유의 관계는 어떠한 것일까. 그리고 문화의 주인은 과연 어떠한 사람일까. 대단히 원론적인 이야기인 것 같지만, 문화는 누리고 즐기고 느끼는 사람의 것이다. 집에 책이 수만 권 있고, 수백 장의 DVD가 있고, 수천 장의 음반이 있다고 하자. 법적 또는 경제적으로는 문화적 텍스트를 구입해서 소유하고 있는 사람의 것이다. 그리고 물론 엄청나게 폼이 날 것은 분명하다. 하지만 그 많은 책과 DVD와 음반을 읽거나 보거나 듣지 않는다면, 그것들은 물질적인 차원에 머물러 있을 뿐이지 문화로서 활성화되지 못한다. 그런 의미에서 보자면 문화는 인간의 몸과 의식을 매개해서 생성되는 경험 영역이라고 할 수 있다.

문화를 소유에 근거해서 생각하는 사람들이 보여 주는 일반적인 태도가 자기과시이다. 또다시 원론적인 이야기인 것 같지만 문화는 소유나 과시의 대상이 아니다. '이 그림도 몰라요?'라고 말하는 사람보다는 '이 소설을 읽어 보면 어떨까요?'라고 말하는 것이 문화적인 태도이다. 진정으로 문화를 즐기는 사람이라면 문화의 본질이 배타적인 소유나 과시에 있는 것이 아니라 경험의 공유와 소통에 있음을 직감적으로

과시?

공유와 소통!

알고 있을 것이기 때문이다. 냉정하게 말하자면, 다른 사람들이 잘 모르는 음악이나 영화를 접해 보았다고 해서, 유명한 지휘자의 오케스트라 연주를 R석에서 들었다고 해서, 특별하고 예외적인 인간이 되는 것도 아니다. 문화에 대한 경험의 양이나 지식의 양이 그 사람을 특별한 존재로 만들어 주지는 않는다. 다른 사람을 억압하는 도구가 바로 문화라면 그러한 문화는 없어도 크게 아쉬울 것이 없다.

반면에 문화적 텍스트나 정보의 양을 많이 가지고 있지 못할 때 우리는 일반적으로 의기소침한 태도를 갖는다. 특히 과시적인 태도를 보이는 사람 앞에서는 더더욱 그렇게 된다. 미리 말하지만 주눅들 필요가 조금도 없다. 음악 산업에 종사하거나 음악 저널에 기고하는 사람이 아니라면, 록에 대해서 좀 더 알고 모른다고 해서 큰일이 나거나 하는 일은 없다. 오히려 좋은 음악이나 소설이나 영화를 추천받는 쪽이 오히려 생산적이고 효율적이다. 자존심 때문에 아는 척하다가 필요한 정보를 못 얻는 것보다는, 필요한 정보를 얻어서 두고두고 즐기는 편이 훨씬 낫다. 미리 그리고 이미 알고 있어야 하는 것이 아니라, 앞으로 내가 알아 가고 느껴 가야 할 영역이 문화인 것이다. 문화적 경험은 닫힌 과거가 아니라 열린 미래에 속한다. 다시 말하지만 문화는 찾아서 누리는 자의 몫이다.

많은 사람들이 미리 알고 있어야 한다고 생각하는 것 가운데 하나가 문화적 텍스트와 관련된 배경 지식이다. 그냥 보기만 해도 즐길 수 있는 엔터테인먼트와 달리, 문화 예술은 일정 정도의 지식과 수련이 필요한 경우가 많다. 아는 만큼 보이고 아는 만큼 즐길 수 있다는 말은 여행과 문화에 잘 들어맞는 격언이기도 하다. 하지만 반드시 배경 지식이 있어야 하는 것은 아니다. 배경 지식이 있으면 좋겠지만 문화적 경험의 목표는 배경 지식의 확인에 있지 않다.

몇 년 전에 오르세 미술관^{Musée d'Orsay} 소장 작품들이 한국에 온 적이 있었다. 그 당시에 기차에 관심이 많았기 때문에 클로드 모네^{Claude Monet}의 〈생 라자르 기차역〉이 너무나도 보고 싶었다. 많은 사람들이 줄을 지어서 이동을 하기 때문에 중간에 끼어드는 것은 서로 삼가는 분위기였다. 하지만 어린이와 함께 온 엄마가 부탁을 하면 아이가 볼 수 있도록 자리를 내어 주곤 했다. 그런데 대부분의 경우 아이는 그림은 안 보고 제목만 소리 내어 읽은 후에 뒤에 서 있던 엄마에게로 되돌아간다. 그러면 엄마는 전시장에서 판매하는 도록에 나와 있는 해설을 찾아 아이에게 읽어 준다. 이런 일들이 그날 하루 동안 계속해서 있었다. 참으로 안타까웠다. 그런 지식은 나중에 알아도 되지 않을까. 인상파를 아는 것보다는 그림을 보는 것이 더 좋은 일인데……

물론 배경 지식은 필요하다. 아는 만큼 보이는 법이니까. 하지만 배경 지식 때문에 작품을 보지 못한다면 너무나도 아쉽고 안타까운 일이 아닐까. 배경 지식이나 사전 지식은 많을수록 좋다. 하지만 잠시 동안 배경 지식을 까맣게 잊어버리고 눈앞의 작품에 집중한다면 그것은 더욱 좋은 일이다.

문화는 감상이 끝난 다음에도 즐거움을 준비하고 있다. 영화의 엔딩 크레디트가 내려가고 소설의 마지막 장을 넘긴 후에 문화적 경험은 또 다른 생명력을 부여받는다. 영화에 대해서 이야기하고 소설의 주제에 대해서 이야기하는 즐거움이 그것이다. 책읽기를 예로 든다면 책은 두 번의 즐거움을 우리에게 준다. 첫 번째의 즐거움은 책을 읽는 과정에서 생겨나고, 두 번째의 즐거움은 책장을 덮고 다른 사람들과 이야기하는 과정에서 생겨난다. 또한 모든 문화적 텍스트는 이미 언제나 다른 문화적 텍스트로 옮겨 갈 수 있는 오솔길과 이정표를 마련해 두게 마련이다. 이정표를 따라 오솔길을 걷다 보면 다른 작품들과 만나고, 그 과정에서 우리는 문화의 은하수를 여행하는 또 다른 즐거움을 누린다.

문화는 실용적인 것이 지배하는 우리의 삶과는 다른 원리에 의해서 구성되기 때문에 사실 먹고 사는 데 그다지 도움이 되지 않는다. 그래서 문화는 있으면 좋지만 없어도 상관없는 삶의 영역으로 여겨진다. 맞는 말이다. 하지만 이렇게 생각해 볼 수도 있지 않을까. 아무짝에도 쓸모없는 영화 한 편을 보면서, 기획서 작성하는 데 큰 도움이 되지 않는 음악을 들으면서, 우리는 실용적인 가치에 의해 짓눌려 있는 현실로부터 잠시나마 자유로워질 수 있다고. 당연히 실용적인 가치를 추구하는 삶이 기본이 되겠지만, 그 과정에서 문화를 통해 실용적인 생활로부터 자유로운 삶을 동시에 누릴 수 있다면, 그와 같은 두 겹의 삶이야말로 보다 풍요로운 것이 아닐까. 적어도 나는 그렇다고 생각한다. 보다 많은 문화적 경험과 매혹의 순간들이 우리와 함께 하기를 소망하고 기원한다.